我看中国

1949年以来中国在西方的形象

【澳】马克林（Colin Patrick Mackerras）/著
张勇先　吴迪/译

Western Images of China since 1949

中国人民大学出版社
·北京·

【澳】马克林（Colin Patrick Mackerras）

译者序言

《我看中国》的作者是中国人民大学讲座教授、国家级文教专家马克林（Colin Patrick Mackerras）教授。马克林生于澳大利亚悉尼，他的家族在澳大利亚声名显赫，他的哥哥 Charles Mackerras 爵士是国际知名的乐团指挥。少年时，马克林特别喜欢西方音乐，尤其是歌剧。马克林的母亲在很早的时候就意识到了中国对澳大利亚未来的重要性，在母亲坚持不懈的鼓励下，马克林开始对中国产生了兴趣。1958 年，马克林来到澳大利亚首都堪培拉，在堪培拉大学汉斯·别兰斯坦（Hans Bielenstein）教授的指导下，开始学习中文和中国历史。

1962 年至 1964 年，马克林在英国剑桥大学攻读硕士学位。在剑桥期间，他完成了有关唐朝晚期回纥人历史（公元 744—840）的论文。[①] 这篇论文奠定了马克林对中国少数民族研究的基础，此后，马克林发表过很多有关中国少数民族的文章，并撰写出版过这方面的专著。在剑桥大学的时候，马克林还对中国音乐产生了兴趣。从那时起，中国音乐、中国戏曲和中国少数民族研究成了他一生不变的追求。

完成剑桥大学的研究之后，马克林于 1964 年偕妻子爱丽丝来华。他在北京外国语学院（现北京外国语大学）教授英文直至 1966 年 9 月。这期间，他们的儿子斯蒂芬（Stephen）在北京出生，斯蒂芬是在中华人民共和国出生的第一位澳大利亚公民。在北京生活的岁月改变了马克林对

---

① 唐朝中后期的“回纥”后称“回鹘”，即唐朝早期的“韦纥”。元、明、清时称为“畏吾儿”，1934 年改称“维吾尔”。马克林论文中所谈的“Uighur”（Uyghur）即是协助唐朝中央政府平定安禄山叛乱的回纥人。

中国的许多看法和认识。在到达中国之前，他对任何与共产主义有关联的事件和人物都持批评的态度。到了中国之后，他结交了很多中国朋友。在北京工作期间，马克林开始收集中国戏曲唱片，开始对京剧和传统戏曲进行专门研究。他开始热爱中国人民和中国文化，开始理解中国人的生活方式和中国政府所遵循的政治路线。虽然中国人在那时的生活水平很低，国家在那时还很落后，但当他返回澳大利亚时，他成了中华人民共和国有力的支持者和辩护者。

1970 年，马克林在澳大利亚国立大学获得博士学位之后留校任教。1974 年，马克林开始在昆士兰格里菲斯大学任教。他在格里菲斯大学教授岗位上工作了 20 多年，其间发表了 100 多篇有关中国的论文，撰写出版了 10 多本有关中国的专著，内容涉及中国的少数民族、中国文化、中西方关系、中国历史和政治以及中澳关系等研究领域。目前，马克林最为关注的是中西方关系以及中国在西方的形象等研究课题。据《世界名人录》介绍，鉴于马克林的研究成果在国际社会的广泛认可度，吉尔吉斯—土耳其玛纳斯大学和格里菲斯大学曾分别授予马克林荣誉博士学位；由于他在跨文化研究领域的突出贡献，马克林曾获得由联合国相关机构、美国爱因斯坦国际研究院（AEIAF）、澳中理事会（ACC）以及澳大利亚联邦授予的金质奖章和勋章。

1977 年之后，马克林教授平均每年至少来中国一次。除黑龙江和福建以外，他的足迹遍及中国的所有省、直辖市、自治区，其中有些地方他去了不止一次。出于对中国少数民族研究的浓厚兴趣，马克林教授去过新疆和西藏的很多地方，收集了很多珍贵的第一手资料。这些资料是批驳某些西方媒体妖魔化中国主体民族的有力证据。

1986 年，马克林教授重返北京外国语大学任教，开设跨文化交流方面的课程。1999 年，马克林教授当选澳大利亚联邦人文学院院士。同年，由于他在中澳文化交流方面的突出贡献，澳中理事会授予马克林教授杰出成就奖。2005 年以来，马克林教授与中国人民大学澳大利亚研究中心的关系更加紧密。由于他在中澳文化和教育交流方面所取得的成就，马克林获得了澳大利亚一级勋章（2007 年）。马克林教授的学术研究坚持了近半个世纪，成果斐然，其中包括很多具有国际影响的论文和著作。马克林既是学术大师，同时也是教师，不但是世界知名百科全书有关亚洲和中国事务的顾问，而且还在中国人民大学为研究生开设两门课程，同时协助指导中国人民大学澳大利亚研究中心的硕士生和博士生。

马克林教授懂中文，会汉语（他也可以阅读德文和法文书籍），他很了解中国，他对中国的看法和认识与国际社会存在的对中国的偏见大相径庭。近年来，马克林教授在澳大利亚大力倡导亚洲研究和汉语语言文化的学习，目前，马克林兼任格里菲斯大学孔子学院名誉院长，此外，他还兼任另外两个亚洲研究和教育委员会的主席职务。

马克林教授的《我看中国》一书有助于当代中国人的对外交流。在当今的对外交流中，我们会经常遇到谈中国就非谈宗教、环境、人权、自由等话题不可的"中国问题专家"。西方人对中国的历史和现状持什么样的态度在很大程度上决定着中国在国际社会的形象，而中国在国际社会的形象又会影响中国与西方各国的关系。

13 世纪末 14 世纪初，欧洲人通过《马可 · 波罗游记》[①] 一书对亚洲，尤其是中国，有了一些了解。1439 年，德国人古登堡（Johannes Gutenberg）发明金属活字印刷技术之后，不同欧洲语言版本的《马可 · 波罗游记》在欧洲广为流传，以至于在 19 世纪末 20 世纪初，在华的澳大利亚人莫理循（George Earnest Morrison）曾收集到了 54 个不同的版本。[②] 从中我们可以看出西方人希望了解中国的迫切心态，同时我们也能看到一

① 《马可 · 波罗游记》又名《马可 · 波罗行纪》、《东方闻见录》、《寰宇记》，即英文的 *The Travels of Marco Polo* 一书的中文译名。

② 莫理循收集的《马可 · 波罗行纪》有拉丁文、法文和英文等不同版本，现存东洋文库（Toyo Bunko，位于日本东京都文京区）。

个国家的国际形象在国际交往中所能发挥的重要作用。除《马可·波罗游记》外，门多萨[①]的《中华大帝国史》在欧洲也有众多的读者。从16世纪中叶至1949年，西方国家通过传教士、外交官、教育家、语言学家、记者、小说家、使团代表、朝廷雇员（其中包括皇帝的外语老师和国家元首的政治顾问）了解到了中国社会方方面面的一些情况，他们当中有西班牙人、意大利人、法国人、德国人、英国人、美国人和澳大利亚人，其中包括[②]利玛窦（Matteo Ricci）、龙华民（Nicolas Longobardi）、熊三拔（Sabatino de Ursis）、金尼阁（Nicolas Trigault）、艾儒略（Jules Aleni）、汤若望（Johann Adam Schall von Bell）、马戛尔尼（Lord McCartney）、斯当东（Sir George Thomas Staunton）、马礼逊（Robert Morrison）、卫三畏（Samuel Wells Williams）、威妥玛（Thomas Francis Wade）、丁韪良（William Alexander Parsons Martin）、赫德（Robert Hart）、傅兰雅（George B. Fryer）、莫理循、庄士敦（Sir Reginald Fleming Johnston）、端纳（William Henry Donald）、司徒雷登（John Leighton Stuart）、罗墨（Sax Rohmer）、史沫特莱（Agnes Smedley）、赛珍珠（Pearl Buck）、李约瑟（Joseph Needham）、斯诺（Edgar Snow）等人。在中国历史上，这些人对中国人和中国情况的描述在很大程度上影响了西方人头脑中的中国形象，很多西方人正是通过这些人了解了中国并进而形成了对中国的看法。不可否认，这些人当中的绝大多数对中国的描述和介绍是客观的、公正的，但也有一些描述是充满偏见的主观臆断。

中华人民共和国成立之后，中国这个古老的国度彻底摆脱了列强割据、战火连连的局面，从政治上取得了独立。20世纪80年代初，中国的

---

① 门多萨（Juan González de Mendoza，1540—1617）的《中华大帝国史》（*Historia del Gran Reino de la China*）于1585年（万历十三年）在罗马首次出版。截至1600年，《中华大帝国史》在欧洲已有7种语言的46种版本。

② 按出生年月日先后排序。

经济走上了发展的快车道，经过几十年的不懈努力和发展，今日的中国终于初步实现了民族复兴和国家富强。稳定的政治局势和高速发展的经济使得中国在全球政治、外交、经济、环境保护等方面的影响越来越大，融入全球化的程度也越来越深。面对联系日益密切的世界，中国不仅仅应当发挥一个负责任大国的作用，还应当更加自信、主动地展示自己的“软实力”，塑造国家正面、良好的国际形象。

马克林教授的《我看中国》以时间为经、以话题为纬，旁征博引，展现了 1949 年以来西方世界在不同时期对中国的看法。作者以历史性的思维和全球性的视野，深入分析了这些形象背后所隐藏的个人经历、意识形态、时代背景、政治需求、国家利益等影响因素；此外，作者还进一步探讨了中国形象的形成过程以及目前存在的问题。这是一位文化上的“局外人”、情怀上的“局内人”对中国在西方的形象的梳理，有助于我们摆脱“不识庐山真面目，只缘身在此山中”的迷思。

本书主要关注的是中华人民共和国在西方的形象。马克林教授以 18、19 世纪以及 20 世纪上半叶的历史为背景，对新中国的政治、外交、经济、文化、社会、人口以及环境等各方各面做出了全面的剖析和解读，既全面又有所侧重。马克林教授在众多领域为我们提供了全新的视角，他的许多观点与对中国的恶意评价针锋相对。《我看中国》是对污蔑中国的言论的有力回击。

马克林教授总是能够为他的读者拨开迷雾，在纷繁的观点中提纲挈领地找出影响这些观点、态度的主要因素。他认为中国形象的形成自然离不开这个国家的现实情况，但中国在西方的形象并不能完全反映这里真实的状况。在过去的几十年中，中国发生了翻天覆地的变化，人民的生活水平与 1949 年之前相比可谓是天壤之别，但西方对中国的看法和评价却没有相应的改善。马克林教授在米歇尔·福柯的“真理制度”的理论和爱德华·萨义德的“东方主义”的基础上提出，这一现象形成的原因之一在于西方长久以来的优越感。他们总是将自己的制度看做无可替代的模板，将自己的道德准则看做普世的原则，并以这些为标准来评价中国，因而总是会形成不符合现实或带有偏见的观点。另一个重要原因则在于国家利益的驱使和中西力量对比的转换。中国的形象不仅反映了中国的发展状况，而且反映了西方国家的政治局势和现实情况。

为了充分论证他的观点，马克林教授在每一个时间段中都选取了大量具有代表意义的例证，所涉及的范围极其广泛。这些形象的体现形式多种多样，包括小说、电影、报刊文章、学术著作、政府报告、电视节目、公开讲演、民意调查等等，甚至连新近出现的网络评论也包括进来。特别值得提出的是，这些形象中还包括他在60余次的访华行程中所拍摄的部分照片。从他1964年第一次来到中国至今已有将近50个年头，在这个过程中，他的足迹遍及中国大江南北，因而这些照片的时间跨度之长、内容之丰富令人惊叹。

《我看中国》包括的形象来源是多方面的，既包括西方各国的作家、学者、游客、政府官员、普通民众等个体，也包括CNN、BBC、世界银行、卡特中心（Cater Center）等组织机构。此外还有旅居海外的华人、华人团体，以及以各种方式与西方接触的中国公民，如学者、游客、留学生等等。在书中，马克林教授还提出了非常重要的一点，即21世纪的一个重要特点就是中国以及中国民众在国家形象塑造中所起到的作用越来越大。在20世纪上半叶，对西方产生过重要影响的中国人恐怕也就是林语堂和宋美龄，在20世纪后半叶，能够在西方代表中国的多半是身居高位的政治人物，如毛泽东和邓小平。但随着国家经济的发展和地球村的建立，中国与西方的交流也不断密切，越来越多的国人走出国门，越来越多的外国人士来到中国。在这一发展过程中，不再是只有“百人会”这样的在国外的华人精英团体能够对中国的形象发挥作用，我们每一个中国人都成为中国形象的代言人。

虽然形式不一、来源各异，马克林教授并没有对这些形象进行简单的罗列，而是按不同的话题对它们进行分门别类。除了政治、经济、外交、文化等不可缺少的方面外，马克林教授还对中国人口政策和环境保护等方面做出了精彩的论述。马克林教授是当今世界公认的研究中国少数民族（尤其是藏族和维吾尔族）问题的首屈一指的专家学者。在当前很多西方人的眼里，中国少数民族地区经济发展和人民生活水平提高的事实被一概忽略，留给汉族人的是一个没有选择的恃强凌弱的恶人形象。在这方面，马克林教授在世界各地的许多场合为中国辩护，为改善中国在西方的形象做出了不懈的努力。因时间所限，《我看中国》暂不包括有关中国少数民族的章节。虽然如此，我们依然认识到，中国的少数民族形象是中国西方形象中的一个重要部分。

中国曾是马可·波罗笔下那个繁盛昌明、繁华富足的国度，也曾是卫三畏口中那个停滞落后、低等无能的国家。这是我们无法回避的历史，也是我们应当正视的经验和教训。我们不能再重复过去“万邦之首、中央之国”的狂妄自大，也绝不能在国际社会中低眉顺目、怯懦无为。中国正在蓬勃发展、不断崛起，在这个过程中，我们应当以史为鉴，以他国为鉴，更加努力地加强自身的发展，同时也要更加积极地参与国际事务，树立正面的国家形象。正如马克林教授在书的结尾处说到的，在中国砥砺奋进、铿锵前行的进程中，“尽管改善中国的西方形象前路漫漫、荆棘重重，但这绝不会是一条无望的征途”①。建设一个富强、民主、文明、和谐的社会主义现代化国家和一个为世界各国所了解、所尊重和赞许的国家应当是我们每一个人心中的中国梦。

张勇先　吴迪

2013 年 3 月 29 日于北京

① 《我看中国》，190 页。

目　录

第一章

序言

无论在中国还是西方，马可·波罗都是一位传奇性的人物。他来自于一个伟大的文明，试图去接近和了解另一个同样伟大的文明，并将他在那里的神奇经历与所见所闻描述给自己故乡的人们。特别值得注意的是，他是第一位详尽描绘中国的西方人，因此，在中国的西方形象这个论题上，他有着举足轻重的地位。缘于这些成就，他值得我们尊敬与敬仰。在众多的作者中，他是第一位将中国引入西方哲学思考的人。在历史的长河里，中国这个伟大的东亚国家时而被西方视为典范，时而却成为一个负面的例子；她的重要性时而在西方的想象中无限膨胀，时而却一落千丈。

本书聚焦于中华人民共和国，即 1949 年以来的中国在西方的形象，致力于描绘和分析这些形象中最重要的一部分，并将它们置于相应的历史和文化背景下进行考量。本书的目的是探讨哪些人或是哪一群人树立了中国的形象，以及在某种程度上，他们是如何做到的。它采用了时间顺序和话题分类的方法，涵盖了政治、经济、社会形象，以及和外交事务相关的形象。

众所周知，这是一个具有重要意义的话题，因为它涉及跨文化关系以及人们是如何彼此看待的。在西方，长久以来都有这样一种倾向，将中国和其他文明定位成“异国情调”。这不仅意味着西方人对于神秘事物的欣赏态度，同时也或多或少地蕴涵着批判甚至是轻视的意味。今天，这种倾向也许有所减弱，但它却远远没有消失。一个国家对另一个国家所采取的政策往往会影响它对对方的看法，反之亦然。也就是说，形象，或者更确切地说心理上构建出的对他者的形象，也会影响政策。这也为中国的西方形象的重要性增加

长城以及周边山脉，拍摄于 1964 年 10 月。这是我第一次见到长城，此行的同伴之一为著名的英语学者陈琳教授，他至今依然居住在北京，距中国人民大学不远。

了砝码，原因很简单：这两个重要文明之间的观感和互动关乎整个世界。

那么，本书的论题“中国在西方的形象”具体是什么呢？我将形象定义为足以冲击观察者意识的重要认知。通常，它们都被以一些易于被接触到的方式记录下来。例如，和一位西方人士关于中国的偶然谈话可能就是一个形象，而作为谈话的亲历者，我认为我有资格将它囊括进本书，当然还包括我以其他方式接触到的关于中国的对话。形象同时还包括图片，本书中也包含一些图片，它们大部分是由我本人和一位朋友拍摄的。

这是一个宏大的话题，我们不可能涉及所有的形象。本书所包含的形象几乎都是关于人或与人有关的。其他方面的形象，例如，中国的风光景色、生物物种、野生动物，尽管也具有重要性和趣味性，但因与上面所提及的范围无关，故在本书中并未涵盖。

形象来源与理论构建

如上文所述，中国的形象是西方文化传统的一部分。这就意味着，西方如何看待中国不仅取决于中国本身的实际情况，在很大程度上也依赖于西方的学术文化或意识形态氛围。这就给我们提出了一个复杂的问题：到底是什么引导着一位观察家或一组观察家建立了关于中国的形象呢？关于这个问题，一项早先的研究认为这与个体的个性有关：“我们对于中国（或其他任何文明）的反应，一部分是由那里的客观现实决定，一部分则是由我们个性中有意识的利益和潜意识的需求决定的。”① 对于所有的观察家来说，每一个人，无论他有着怎样的文化背景、成长经历、思想形态、脾气秉性、看法偏见，他也许都没有意识到是什么形成了他的观点，但却无一例外地受到了影响。

---

① Raymond Dawson, *The Chinese Chameleon*, *An Analysis of European Conceptions of Chinese Civilization* (Oxford University Press, London, 1967), p. 2.

在个体之上更深一个层面来探讨影响形象形成的因素，例如职业、阶级、社会乃至民族，则更为复杂。对于个体和族群的心理学研究已经远远超出了本书的范畴，然而一些关于殖民主义和权力关系的理论，尽管已经不像在19世纪后半叶和20世纪前半叶时那么重要，但在本人看来，依然可以用来研究中华人民共和国在西方的形象。

法国历史学家、哲学家米歇尔·福柯（1926—1984）曾就权力和知识的关系提出了非常精妙的观点，他关于权力/知识密不可分的见解以及“真理制度”的理论影响甚为广泛。他总结说：“真理与权力制度以一种循环流通的方式相互关联，权力制度产生并维系着真理，而真理引发并扩展权力的效力。”①

在这个相对繁复的论点中蕴涵着几点含义：真理很少存在于真空状态，而是存在于社会现实之中，其真实与否，在某种程度上来说取决于权力制度，包括政治、经济、社会和文化领域的权力体系，而这些权力体系所产生的真理又反过来维系着现存的权力关系。福柯特别指出，社会的“真理制度”决定着“那些制定真理标准的人的身份地位”②，而这些人反过来又致力于维系权力关系。将这个理论运用于研究中国在西方的形象，也就意味着西方社会内部以及中西双方之间的权力关系影响着西方人对于中国的认知。

另外一个探讨权力与真理关系的理论是“东方主义”，它由著名的巴勒斯坦裔美国学者、文学理论家爱德华·W·萨义德（1935—2003）提出，萨义德在后殖民主义理论上的贡献也是令人瞩目的。尽管萨义德最为关注的是西方对于巴勒斯坦问题和伊斯兰教的学术态度，但是他的理论也适用于研究中国在西方的形象。“东方主义”的核心观点是，西方学者对“他者”文明进行定义和构建，其目的在于彰显自我的理性、权力和价值，并以此实现强权政治，强调自我主体的优越地位并期望能保持下去。西方关于亚洲的过去和现在的论著倾向于将西方作为摹本，而使得亚洲被边缘化，被打上了“奇特”

① Michel Foucault, *Power/Knowledge, Selected Interviews and Other Writings 1972 - 1977, Michel Foucault* (The Harvester Press, Brighton, 1980), p. 133.

② Foucault, *Power/Knowledge*, p. 131.

济南城外的黄河景观，拍摄于1965年5月。

或“不可理喻”的标记。①

我非常认同这两种理论，要避免偏见是非常困难甚至是不可能的。但支持这些理论并不意味着我认为创建中国形象的作者们没有尽职尽责地完成他们的工作，相反，我相信他们中间的绝大部分都竭力地想要真实呈现他们的所见所闻。有时候，政治体制会直接左右观点，但在我看来，相较于这种公然的强加，福柯的真理制度和萨义德的“东方主义”所论及的桎梏则更为隐晦和模糊。换言之，尽管在西方，思想自由和表达自由的权力是真实有效的，我却认为自由是一个不断发展的过程。我们无法认定一个个体或一个社会是绝对自由的，而另一个则是绝对被禁锢的。福柯和萨义德的理论都表明，对自由的束缚远远要比我们表面上看起来的更多，即使是对于那些自认为完全

① Said, Edward W., *Orientalism* (Random House, Vintage Books, New York, 1978; 1979), pp. 38-41.

自由的人。

因此，形象并不像它们看起来那样直截了当。它们当然涵盖事实，但同时也涉及许多其他因素。它们是观察者的经历、思想和偏见的外化，反映着社会内部和国际社会之间的权力关系、权力体系，受到诸多因素的影响。

文献综述：本书与众不同之处

关于中国在西方的形象，以前的文献早有论述。它们主要是将中国漫长的历史作为一个整体来叙述，而较少着墨于中华人民共和国，特别是当代中国的形象。早期的研究之一即为前文引述的雷蒙·道森（Raymond Dawson）的研究成果。在《中国变色龙：对于欧洲中国文明观的分析》一书中，他提出，中国犹如变色龙一般不断变化自己的“颜色”。道森是“钟摆”理论的支持者，这种理论认为中国的西方形象不断地由一边转向另一边，由积极到消极，由消极再到积极，周而复始，往返反复。在本书中，我并没有将这种理论囊括进我的理论体系，因为它只是对于形象的一种观察而不是一种解释，它仅仅关注了由一面向另一面的转变却并没有试图去探究这种转变背后的起因和原动力。在最近的出版物中，也许最为出名和最具有影响力的是《大汉之国：西方眼中的中国》(1998)。书的作者，杰出的英裔美国历史学家史景迁曾说过，他的这部作品主要聚焦于关于中国的小说作品，并“引领我们从12世纪来到了20世纪”。一位重要的评论家曾指出，这本书开启了一种渐进的转变，即将焦点“从特定的历史事件是否真实发生了转移到一个更为集中的问题上，即价值评价是如何与关于中国的经验和思考联系起来的”[①]。换言之，它将中国的实际情况与关于这个国家的形象和评判区分开来了。我本人

---

① Jamie Morgan, “Distinguishing Truth, Knowledge, and Belief: A Philosophical Contribution to the Problem of Images of China”, *Modern China*, *An International Quarterly of History and Social Science*, vol. 30, no. 3 (July 2004), p. 407.

曾出版过题为“西方的中国形象”一书，书中涵盖了从最早期到书籍出版前的关于中国的一系列形象。第一版于1989年由牛津大学出版社出版，修订版在1999年6月出版。①

本书与以往文献的不同之处在于它主要着墨于1949年以后的中国，主要是关于中国大陆，而并不包括台湾、香港和澳门地区。当然，我绝不是否认这些地区是中国不可分割的一部分，而是由于在这本书所论及的时间跨度中，香港和澳门地区很长一段时间处于殖民统治，而中国大陆和中国台湾地区分别有着鲜明而各具特色的政治制度，因而港、澳、台地区和中国大陆在西方社会中的形象是截然不同的。

研究方法

本书的研究方法呈现出三重架构。最关键的一种方法在于选取1949年以后中国在西方世界中最为重要和最具有代表性的形象。我主要是依据相关作者、书籍、文章、报纸和杂志的影响力来选择的。但是，在某些情况下，我对于一些形象的选择基于我对于它们是否具有代表性的判断，以及这些形象是以印刷文字、图片影像还是口头表述的方式呈现的。

第二种方法是借鉴他人所进行的调查研究。我本人并没有尝试或进行过这样的调查研究，主要是因为本人在这个领域的技能有所欠缺，因而没有意愿也认为没有必要对前人业已完善的专业领域再做出补充。

第三种方法是对我本人的经验和印象在某种程度上的总结。我在1964年首次到访中国，作为一名教师在当时的北京外国语学院（现更名为北京外国

---

① 曾有一篇具有高度哲学思辨性的著作对聚焦这一话题的三本著作做出过评述，这三本著作分别是 Christopher Jespersen，*American Images of China*，*1931－1949*（Stanford University Press，Stanford，1996），Jonathan D. Spence，*The Chan's Great Continent*：*China in Western Minds*（Norton，New York，1998）and Mackerras，*Western Images of China*。除这三部作品以外，摩根还提到了许多其他与中国的西方形象有关的作品。

北京外国语学院（现北京外国语大学）的西院大门。此后这座大门不断被修缮升级。图中右侧的建筑原为英语系办公地点，我和妻子在 1964 年至 1966 年曾在此工作。今天这座建筑为德语系办公地点所在，尽管内部已被升级改造，但外部面貌变化不大。照片拍摄于 1965 年。

语大学）任教两年。从 1964 年至今，在我对中国多达 60 余次的访问中，我见证了这个国家天翻地覆的改变。在过去的这半个世纪里，无论是在中国还是在外国，我和诸多的西方人曾就中国的印象进行过探讨，并会在此书中引用其中的一部分。但是，本书中并没有采纳正式访谈这种研究方法，无论是针对个人的还是群体的。

媒体的发展

呈现和展示形象的媒体自 1949 年以来经历了传承和改变。许多媒体形式在 1949 年中华人民共和国成立之前便已存在。有些报纸，如《纽约时报》自

1851 年以来发行至今。《时代周刊》，作为亨利·路思义[①]（1898—1967）媒体王国旗下最为重要的出版物，目前在全球拥有着 2 500 万的读者，自 1923 年创刊至今一直保持着极高的影响力，当之无愧是西方社会中最具有代表性和最具有形象塑造力的周刊。纸质书籍作为传播媒介已有几百年的历史了。尽管有学派认为，从长远来看它最终将被电子书籍取代，然而它至今仍然是大众传媒的一种主流形式。广播的历史并不如书籍长远，但它也是在中华人民共和国成立之前就已诞生。

相较而言，其他的媒体形式的历史则较短。在 1949 年，电视仍然是一种全新的媒体形式，且尚未拥有大批的观众。但当美国总统理查德·尼克松在 1972 年 2 月访华时，电视已在重塑中国形象，将其扭负为正的过程中发挥了重要的作用。

到了 21 世纪，最具有代表性的媒体形式当属互联网。这种形式直至 20 世纪 90 年代才成为大众传媒的一个重要分支。但自此之后，它在世界的沟通交流中发挥了无与伦比的重要作用，并以前所未有的方式推进了全球化的发展进程。它的存在使得地球两端的人们实现了即时沟通。尽管这一可能在电话时代便已实现，但互联网在图像呈现上又向前迈进了一大步。在互联网上，人们可以浏览报纸文章和电视节目，这就意味着其他形式的媒体正在失去它们专属的影响力。特别值得关注的一点是：互联网对于每一个具有一定文化程度的人都是开放的，你并不需要是一名专业记者或是专业作者就可以在互联网上发表你的观点。那些普通读者观众对于报纸杂志和电视节目的评论及其所反映出来的观点态度，在 21 世纪之前几乎是不可能接触到的。

几个相关要点

关于中国在西方形象的形成机制还有几个要点。其中最为重要的一点也

① 又译卢斯。——译者注

许就是自 1949 年以来，世界的主导力量一直是美国。美国在新闻、出版、电视、广播和互联网等媒体上拥有着其他西方国家难以匹敌的影响力。当然，本书中也会涵盖其他西方诸国，并呈现一些非美国化的中国西方形象，但对于中国的形象，西方诸国也是各持己见，观点各异，这就使得我们可以从不同国家的角度来探究中国的西方形象。事实上，它们曾经并且依旧会向我们展现多元化的观点。① 不过在各国对于中国的观感中，相同之处远胜相异之处，因此，在论及中国的西方形象时，既要考虑到西方诸国的观点，更应主要依据美国所塑造的中国形象。

无论是关于何种话题还是在任何时段，我认为我们都可以选取一个主导的形象。需要强调的是，与此同时一定还有其他的形象存在。即使是在中国的形象跌入谷底的时候，也有人持有和记录着中国的正面形象。不同的个体记录和书写着不同的观点，一些观察家，即使是对中国持有极端正面态度的那些，也会提出批判性的意见。在任何时候或任何地点都不可能存在绝对单一的形象。在这个话题上，我们应持以审慎的态度去分析趋势和倾向，而不是寻求绝对和唯一。

小　结

过去的几十年中，在对于中华人民共和国的西方形象的研究中，我得出了两个结论：

第一个结论即中国的西方形象并不代表着“事实”或是这个国家的真实情况。“事实”是一个非常难以定义的概念，已经超出了本书的范畴。在任何一个特定的情况中，都有着直观可感的现实，但它们却是变幻无穷的，特别是在一个如中国这般广袤多姿的国家里，任何人都不能宣称掌握了其中的要

① 有关观点的多元化，以澳大利亚为例，在澳大利亚，有多本书籍和多篇文章论及澳大利亚和澳大利亚人是如何看待中国的，例如，Lachlan Strahan，*Australia's China*：*Changing Perceptions from the* 1930*s to the* 1990*s*（Cambridge University Press，New York，1996）。

中华人民共和国成立15周年国庆阅兵，拍摄于1964年10月1日。

义。中国的西方形象是由一系列复杂的因素共同作用形成的，展现的不仅仅是西方对于中国的态度，也是西方各国本身。

第二个结论是，中国的整体局势在过去的半个世纪中有了长足的发展，而其在西方的形象却改变不大。我深知，这是一个非常笼统的概括，而我并不比别人对中国的现状有着更好的了解，但是，在自1964年至今对中国的多次造访中，我亲眼见证了这个国家巨大的，甚或说是天翻地覆的改变。这些变化在我看来，有好的一面也有不好的一面。无论是从整体上还是在某个特定领域，我们都不难指出那些变坏了的方面，但是，从个人长期的经验来看，相较于我第一次造访中国时，绝大多数中国人民的整体生活图景已经变得更加自由、繁荣、自信和多元。整体形势与过去相比可谓是天壤之别。

当然，中国的西方形象也是有所改善的，然而据我所观察到的事实来看，这种改善却极其有限。至今仍然有这样一种观点，认为对中国持有正面的态度就是天真无知。极端的负面评论家们和他们的批评依然和过去一样普遍。正面的评价，虽比过去较为常见，但相较于批评，赞扬总是以一种更为温和的方式呈现。这种现象某种程度上是由西方媒体和学界的性质决定的。在西方，他们认为自己的部分职责就在于评判当局、审视社会，因此他们更倾向于批评而不是颂扬。但对于西方观察家们来说，他们需要关注的应当是中国人民正在为之奋斗的国家愿景，而不是他们为自己设定的职责目标。

第二章

历史背景

简单地回顾一下中国西方形象的历史背景有助于我们在一个较为宏观的框架下来对这个问题进行考量。前文已有论述的部分①，在此便不再赘述，而只是囊括 18 世纪以后的时期，尤其是 20 世纪上半期。我认为这一时期中国的形象呈现出的是两个极端的反复，可以被描述为摇摆不定。但是，我并不倾向于在此引入“钟摆”理论，因为这种摆动的幅度不均，且持续的时间也不同。

18 世纪

作为天主教的牧师，耶稣会士，缔造了西方汉学的第一个伟大时代。这个时代的巅峰在杜赫德（Jean Baptiste du Halde，1674—1743）的作品《中华帝国全志》（全四卷）中得以呈现。这部著作的法文版在 1736 年出版，英文译本随后在 1741 年出版（书名为《中国通史》）。尽管杜赫德终其一生未曾到过中国，却在与耶稣会士的接触中得以涉猎大量相关资料，并对百多年欧洲传教士有关中国之调查报告和来往书信进行了研读。

杜赫德对中国推崇备至，他声称中国较之欧洲诸国更为先进。首先，他极力称赞中国政府。他认为中国人民仁爱善良、智慧勇敢，并认同中国“天朝上国，君临天下”的自我标榜。他将中国看做一个环境优美、物产富饶、农业发达、交通便利的繁荣大国。他赞扬中国是礼仪之邦，中国人民爱好和平，并盛赞中国女性端庄正直，品德高尚。他提到中国的“裹脚”习俗并为之辩护。他承认这对外国人而言是“难以接受”的，但宣称中国妇女不仅“乐于接受这种不便，且将之提升，力图使自己的脚尽可能的小，认为这有一

① 例见［英］Raymond Dawson，*The Chinese Chameleon*（Oxford University Press，London，1967）；Colin Mackerras，*Western Images of China*（Oxford University Press，Hong Kong，1989）；Jonathan D. Spence，*The Chan's Great Continent*：*China in Western Minds*（Norton，New York，1998；Allen Lane，London，1999）；Cao Qing，“Perspectives on China—Western”，in Linsun Cheng（general editor），*Berkshire Encyclopedia of China*（Berkshire Publishing Group，Great Barrington，MA，2009），vol. 4，pp. 1749 - 1753。

种独特的魅力"[1]。

杜赫德的作品在当时受众广泛，并对18世纪的思想家们产生了深远的影响，特别是在启蒙运动时期。这一时期最为重要的人物，尤其是在树立中国形象方面，当属伏尔泰。在伏尔泰的作品中，关于中国的言论俯拾皆是，且多为赞美和颂扬。在他看来，中国的政府组织是一个优良的模板，而乾隆皇帝则是代表了他哲学王理想的光辉典范。中国的政治体系中最为伏尔泰所称道的就是政府的世俗性，即教士无权干政。他服膺孔子，称赞后者是一位道德哲学家，不做神启者，也不为先知；儒家学说也是一个哲学体系而非宗教体系。伏尔泰对于中国正面形象的塑造具有极大的影响力，直至今日，"世俗政府"仍然是现代社会的一个标志。

像杜赫德一样，伏尔泰也从未亲自游历过中国。而早在1743年，由乔治·安森男爵所率领的英国船只就抵达了广州。不过安森男爵关于中国政府和中国人民的评论则与上述二人大相径庭。他认为中国政府腐败强权，而人民都是说谎的小偷。显然，他们绝不可能是西方的典范。安森男爵的远航激发了英国人对于航海和冒险的热情，也使得他的经历在塑造形象方面影响广泛，包括关于中国的形象。

19世纪

安森观点的影响一直持续到了19世纪。在这一时期，西欧各国和美国经历了工业革命，它们的自信心不断膨胀。与之同时滋生的还有它们统治世界的野心，这就导致了殖民主义的开端。自1842年英国与中国签订《南京条约》开始，西方列强相继强迫没落中的中国签订了一系列不平等条约。中西力量对比剧烈转换的结果就是西方超越了中国并凌驾其上。这对中国形象的

① Du Halde, Jean-Baptiste, *The General History of China*, trans. R. Brookes (4 vols.; J. Watts, London, 1741), vol. 2, p. 139.

影响显而易见：西方蔑视中国，认为它故步自封、腐朽独裁，这也就意味着无论是中国政府还是中国人民的形象都跌入了谷底。

如果说在18世纪，在中国的西方形象这一领域是由法国执牛耳的话，那么在19世纪则转由英国主导，美国以一位主要参与者的身份出现，法国依然保持着重要的地位。传教士、外交官、探险家们是这一时期主要的形象塑造者。报纸、百科全书开始拥有广泛的受众，尽管只是针对那些有文化修养的人群。

随后在1858年（《天津条约》）和1860年（《北京条约》）签订的条约首次允许外交官常驻北京，并给予了外国人诸多特权，如在中国境内自由传教和自由行动。在此之前，外交官只能因特定原因前往北京，且在使命完成后必须离开，所有外国人在中国的行动都受到严格的限制。在新的规定下，外交官们可以依据本国的需要在北京驻留，商人、传教士和冒险家们则可以在中国自由行动。

这些群体很快就充分利用了他们新的自由。19世纪的传教士，相较于他们耶稣会的前辈们来说，容忍度总体较差。新教徒人数众多，而天主教也依然活跃。从形象的角度来看，尤为重要的一点是，19世纪的传教士去中国不仅仅是为了使人们皈依上帝，而且还要谴责那些不信仰上帝的异教徒。因此，他们所描绘的形象表现的是基督教的优越感和屈尊就卑之情。

在19世纪，西方关于中国的集成之作中最广为人知的也许就是《中国总论》。这本书具有极高的影响力和形象塑造力。作者卫三畏（1812—1884）是美国当时来华的外交官和传教士，《中国总论》的出版为其赢得了不小的学术声誉，耶鲁大学后聘请其为教授。卫三畏习得汉语，且认为对中文的掌握有助于提升西方在中国的形象，也有利于传教士宣扬基督教。

用卫三畏自己的话来说，他试图做到对中国公允。当时，西方人将中国的社会制度与基督教体制相比，并对中华文明抱持着某种奇特而无名的可笑印象。在这样的时代风气中，卫三畏认为他的作品能纠正其国人的看法。但总体上他对中国社会和中国人民所持有的观点态度依然是轻蔑鄙视的。他认为，中国的政府机构建筑在错误的原则之上，专制无能，对社会的停滞束手无策；对于中国人民，他认为他们虚伪狡诈、不知感恩且道德败坏，隶属于一个低下的社会。在卫三畏看来，唯一能拯救中国的方法就是全面转向基督教义。①

杜赫德和卫三畏的著作中存在着巨大的差异。前者对中国不吝赞美之词，而后者却对之蔑视不屑。当然，我们知道在杜赫德的作品完成之后，中国的形势急转直下，但这并不是这种差异存在的唯一原因，更为重要的是作者及其所处时代的改变。18 世纪，许多西方人仍然乐于向他人学习，而到了 19 世纪，帝国主义的崛起决定了西方文明唯己独尊的观点，并认为在众多宗教中唯有基督教是正确的。这种自大之心使得西方人认为，将自己的文明强加于他族不仅仅是他们的权利而且是他们的义务。西方对于统治地位的渴求和将中国纳入西方实践、体制和价值观的意愿必然导致了中国形象的负面转化。

就如同其他时期一样，在 19 世纪，我们依然可以找到相反的中国形象。伟大的法国诗人、小说家、剧作家雨果（1802—1885）对于中国圆明园的溢美之词，以及在这座宫殿于 1860 年毁于英法联军之手以后的讨伐檄文都是广为人知的。这一时期，一些传教士也完成了关于中国的卓著工作。例如，苏格兰传教士、学者理雅各（1815—1897）将中国经典古籍文本翻译成了英文。尽管在今天

位于北京郊区的颐和园雪景，拍摄于 1965—1966 年冬。

① 对中国人民的指责，例见 Samuel Wells Williams，*The Middle Kingdom*，*A Survey of the Geography*，*Government*，*Education*，*Social Life*，*Arts*，*Religion*，&c.，*of the Chinese Empire and its Inhabitants*（2 vols.；John Wiley，New York，1851），vol. 1，pp. 95 - 99。

他的卷本已被后人超越，但仍具有极高的价值。[①]

但是，由于政治及其他方面的原因，19 世纪的最后几年可谓是中国西方形象史上的一个谷底。1895 年直立人化石在爪哇岛上出土并被命名为爪哇猿人。这一发现巩固了社会达尔文主义在西方的地位，其影响之一就在于加强了西方观念中对种族差异的认知。社会达尔文主义似乎肯定了文明等级的存在，而在这个等级制度中，西方文明处于顶端而非洲文明处于底部。尽管东亚相较于其他文明来说略胜一筹但却远逊于西方文明。19 世纪最后的一个 10 年见证了明恩溥（Arthur H. Smith，1845—1932）《中国人的性格》一书的出版。这本书影响广泛，至 1900 年已五次再版，且被译为多种语言。它不仅影响了西方社会，甚至掀起了中国民族主义者对中国国民性的反思思潮。明恩溥归纳了一系列“中国人的性格特征”，其中有褒有贬。一方面作者认同中国人的孝悌仁义、内敛含蓄，但更多的则是批判中国人民智未开、缺乏公心。他认为中国人“神经麻木”，因此相较于西方人能忍善耐，但却冷漠残酷、缺乏同情心。

从政治角度来看，19 世纪末是中国历史上最为屈辱的几年。在这一时期，列强趁火打劫，日本、俄国、法国、德国以及英国在中国境内肆意掳掠。中国所受屈辱之例证包括日本 1895 年攻占台湾，俄国 1900 年入侵中国东北，以及英国 1898 年以《展拓香港界址专条》租借香港新界 99 年。当时许多西方人士认为中国很快就会土崩瓦解。这一时期，中国形象的最低点出现在 1900 年义和团运动时期。关于这一运动，西方铺天盖地而来的皆是指责非难。对于西方来说，当时最难以接受的就是他们的传教士和外交官被一群衣衫褴褛、肮脏愚昧的中国农民以最残暴的方式攻击。1900 年夏，八国联军攻占了北京，并于次年 9 月强迫中国签订了带有巨额赔款（庚子赔款）的《辛丑条约》。这次入侵中国的八国平日也常为利益相争，而这一次则是它们史上唯一的一次联手。

---

① See *The Chinese Classics*（5 vols.；Trubner，London，1861—1872）.

20 世纪上半期

义和团运动失败后，清政府也无力回天，仅苟延残喘了十余年便退出了历史舞台。1911 年的辛亥革命推翻了中国的封建帝制，建立了中华民国，并一直持续到 1949 年中华人民共和国的成立。总体上来说，这一时期的中国动荡不安，经历着社会和文化的巨大变革，其中最为重要的事件就是抗日战争(1937—1945)。这场战争使得这个国家兵连祸结，满目疮痍，但最后还是以中国的胜利告终。

美国的中国形象

相比较来说，美国还是对于义和团时期列强入侵中国的行为以及其后签订的不平等条约持有异议，它以资助中国教育的方式退还了部分赔款，特别是帮助中国创办了清华大学。有意思的是，正是由于《中国人的性格》一书的作者明恩溥等人的游说推动，时任美国总统西奥多·罗斯福将庚子赔款用于此途。

自此之后直至 1949 年，美国对于中国的印象一直较为正面。辛亥革命有着积极的影响，因为在这场变革之后中国建立了共和体制，恰与美国政治体制一致。但讽刺的是，辛亥革命的影响是有限的，因为当时美国对中国的印象已有好转。一个更为明显的积极因素出现在 1941 年到 1945 年期间。此时两国并肩抗击日本，尽管当时部分美国人不齿于二战爆发之后日益腐败的蒋介石政权，但大多数的美国权力精英仍将中国看做一个在逆境中不断抗争向上、亟待援助的国家。

美国人的态度是非常重要的，因为在 20 世纪上半期，美国首次成为了中国西方形象的主导者。当时重要的作家中，许多都是美国人，而美国也引领了塑造形象的新型媒体的发展，特别是电影和周刊开始具有广泛的影响力。尽管美国有反共情结，但它却为蓬勃的中国共产主义运动树立了最为正面的形象。

最为突出和持久的发展即是亨利·路思义出版帝国的崛起。亨利·路思义出生于中国，其父是北美长老会的传教士。亨利·路思义对中国有着极为深厚的感情，同时也认同美国的价值观和基督教义。路思义出版帝国最为重要的出版物是《时代周刊》，创刊于1923年，是美国第一本新闻杂志。创刊之后，它的影响力迅速扩大，时至今日，它依然是最为广泛阅读的英文周刊，在全世界拥有千百万的读者。

路思义是蒋介石的坚定支持者，并利用《时代周刊》和其他出版物宣扬蒋及其政府的正面形象。对于路思义来说，蒋代表着美国对中国期望的实现。蒋介石是一个基督教徒，同时也支持美国的价值观和政策。1942年在纽约举办的一次亲中的宗教仪式上，路思义称赞蒋介石是中国期盼了百年的救星。①

20世纪上半期，在关注中国的美国作家中，最具有影响力的当属赛珍珠(1892—1973)。和路思义一样，她也来自于一个传教士家庭。虽然她并不是出生于中国，却在婴儿时期就被带到了这个国家，并在这里度过了她的大半生时光，因此她精通英汉双语。早在20世纪20年代，赛珍珠便指出农民是中国的脊梁，她颂扬他们的稳定性以及他们对于土地的恋恋深情。除此观点之外，她还是一位旗帜鲜明的反共人士，反对任何形式的革命。

赛珍珠之所以对中国形象如此重要，主要是源于她的小说《大地》。这部小说在1931年由约翰·戴公司出版，而后赛珍珠与这家公司的总经理理查德·沃尔什结为连理。由于小说的影响广泛，赛珍珠获得了普利策小说奖并于1938年捧得诺贝尔文学奖。这本小说是史上以欧洲语言写成的关于中国最为畅销的一本书，并被拍成了一部广受欢迎的电影。无论我们怎样强调它对中国形象的重要意义都不为过。②

---

① T. Christopher Jespersen, *American Images of China, 1931 - 1949* (Stanford University Press, Stanford, 1996), pp. 36 - 37.

② 尽管赛珍珠被某些人称为“中国通”，但中国国内很多人认为她描写中国社会风貌的作品并没有反映出中国人民的命运，并没有触及中国社会的实质，仅仅是杜撰了某些个别的现象而已。而且其晚年作品明显流露出对新中国的敌视态度，对新中国及中国共产党的描写有诸多歪曲的成分。——译者注

南京附近的农民在劳作，拍摄于1966年1月。

引人注目的是路思义和赛珍珠都有着相似的传教士背景。20世纪上半期是传教活动在中国的一个高潮期，特别是来自美国的传教士。有两点尤为突出。第一点，与他们19世纪的前辈相比，这一时期的传教士对中国都表现出更为正面的态度。甚至有学者认为，正是这群传教士激起了美国人对于中国最初的感伤怜悯和浪漫情怀。因此，美国人向传教士们捐赠了大量款物，以资助他们在中国的传教和慈善活动。许多传教士也为中华文化和中国教众所感，并最终醉心于学习这一文化。一位杰出的传教士教育家曾如此评价他的一位同行："他来到远东，急于传达上帝的旨意，却在这一过程中接受了来自东方的信息。"①

① Earl Herbert Cressy, "Converting the Missionary", *Asia* (June 1919), quoted by Harold Isaacs in *Images of Asia*, *American Views of China and India* (Harper Torchbooks, New York, 1972), p. 148.

第二点就是这一时期的传教士对他们所工作的国家里发生的民族运动抱持着同情之心。就中国而言，尽管当时在西方政府和商界依然有着强烈的意愿要维持此前与中国签订的不平等条约，许多传教士却支持对其进行修改。这种对中国的悲悯之情孕育出了一批关于中国的正面形象。

20 世纪上半期另一个重大的发展就是中国人自己开始主动参与并积极影响中国的西方形象，其中最为杰出的两位代表性人物是林语堂（1895—1976）和宋美龄（1897—2003）。两位先生皆长期旅居美国，精通英汉双语，能够与西方人士进行深入而有效的探讨。同样，他们二人对中国形象的影响力也主要是通过美国或者在美国展现出来的。

林语堂先生的代表作《吾国吾民》于 1935 年出版，引起了巨大的反响，广受推崇，此后多次修订再版。事实上，林语堂是赛珍珠的好友，也正是在后者的劝说下，林语堂方执笔写下此书。这也就解释了为何二人的作品皆由约翰·戴公司出版。林语堂在书中对中国人的性格做出了勾勒和审视。尽管他认同明恩溥关于中国人因循守旧和其他特点的评价，他却以积极正面的态度、坦率幽默的笔调、睿智通达的语言娓娓道出了中国人的道德、精神状态，对中国人做出了细致的剖释和澄清。林语堂认为中国人最突出的品质可以说是“超脱老猾”，认为“超脱老猾是中国人最为推崇的性格特征”①。这也就解释了中国人其他几点特性，如遇事忍耐、厌恶战争、信奉中庸之道等。林语堂特别强调了中国人的和平主义、服膺孔学以及传统的家庭观念。

宋美龄，著名的宋氏三姐妹之一，蒋介石之妻。正是由于这样的家庭背景，她极大地影响了中国的西方形象。宋美龄于 1943 年访美，向参、众两院发表演说，为中国抗日积极争取美国的援助，并随后与罗斯福总统一同举行联合记者招待会。她访美期间的一系列活动，加上路思义及其传媒帝国的支持，在美国激起了强烈的反响。一位学者曾指出，宋美龄用她的光芒和激情征服了国会，也为中国的抗日战争赢得了无限同情和进一步援助。② 她的访

① Lin Yutang, *My Country and My People* (John Day, New York, 1939), p. 42.

② T. Christopher Jespersen, *American Images of China*, *1931 - 1949*, p. 95.

问所传达出来的信息是清晰而洪亮的：中美有着共同的敌人日本，且为着共同的理想而奋战。这对于美国的中国形象之影响不可谓不深远，且对其他抗日的西方盟国也有着不同程度的影响。

明皇陵景致，近处即为明万历皇帝的地下墓宫，拍摄于1964年10月。

同时宋美龄也写下了大量的英文文章向西方民众宣扬中国。她的中心思想是复兴。她认为，中国人民有着许多的优良品德，但也有着许多致命的缺点，如缺乏自律、小团体主义和失败主义。“野蛮的敌人”日本对华侵略所带来的唯一的好处也许就是这场战争使“爱国人士深受痛苦方能对国之不足有所彻悟”，并最终克服自身弱点实现民族复兴。①

从整体上来说，美国的这些正面形象基本上都是关于一个保守的中国，一个符合美国精英利益需求的中国的。但同时，在美国还存在着另外一种声音，即宣扬成长中的中国共产党。其中的代表性人物是埃德加·斯诺(1905—1972)。无论是在他的创作时期还是其后的岁月中，他对于中国的西方形象，尤其是中国共产党的形象，都有着巨大的影响。他杰出的成就在于他曾于1936年访问中国陕北革命根据地，对毛泽东进行了采访，并将自己的经历集结发表，其中的一部分后来成为了这位未来中国领导人的第一部英文

① Chiang, May-ling Song, *China Shall Rise Again* (Harper, New York and London, 1940), pp. 42 - 43.

传记。斯诺的著作《西行漫记》，于1937年出版，在抗日战争及其后的时间里数经修订。这本书在英国比在斯诺的祖国美国更为畅销，对于树立成长中的中国共产党在西方的正面形象，有着无可比拟的重要意义。书中所展现的共产主义运动，是一种朝气蓬勃的新型运动，是一种为了社会公平和国家完整而抗争的运动。尽管当时有人对斯诺的行为进行嘲讽（时至今日依然如此），但他所采访的对象日后却成为新中国的开国领袖，因此斯诺所创造的形象在历史的宏图上显得尤为重要。

美国之外的中国西方形象

20世纪上半期，中国的西方形象在美国之外也有所改善。路思义传媒帝国遍及世界的影响力是其中一个因素，就英国而言，斯诺关于中国共产党的作品也有所作用。但是，中国在欧洲形象的改善与美国相比却显得较为迟缓，不甚统一，幅度也不大。

英法两国原本想维持在华的帝国主义势力，但是由于在第一次世界大战中遭受重创，殖民统治力量日益衰落，加上20世纪20年代的民族解放运动，英国不得不将部分殖民势力撤出了中国。在二战期间，欧洲并没有像美国一样对中国的印象大幅提升，主要是由于当时的欧洲深陷战争泥潭，自顾不暇，更无暇理会中国。澳大利亚在二战前还在很大程度上依附于英国，但从20世纪40年代起，它就开始转向美国，因为后者能够提供更完善的对日防护。其结果就是中国在澳大利亚的形象迅速提升，由“东亚病夫”变为“自由中国”。

即使是在20世纪20年代中期，英法两国仍对中国持有殖民倾向。这种态度在英国人罗德尼·吉伯特（Rodney Gilbert）和法国人吕真达（A. F. Lègerdre）的作品中可见一斑。两人都极具种族歧视色彩，并建议由于中国人无力自治，西方应对其进行统治。在吉伯特的《中国之失》一书中，他长篇累牍地论述，“就如同每个社区都有高等的人一样，这个世界上也有着低等的民族”，并将中国人比作无力照顾自己的婴孩。[①] 他这种不平等歧视也是

---

① Rodney Gilbert, *What's Wrong with China*, John Murray, London, 1926, pp. 14, 46-48.

促使林语堂提笔反击的原因之一。丹麦作家雷穆森（O. D. Rasmussen）在1928年以一本《中国之得》回击吉伯特，并在书中展现了关于中国革命和中国形势极为正面的态度。

和在美国一样，在英国和法国也有描绘中国形象的小说。此处仅以英法各一为例。两位作者皆是各自流派的杰出代表，两本小说也在文学界广为人知。它们分别是毛姆的《面纱》（1925）和安德烈·马尔罗的《人的命运》（1933）。前者对中国和中国人民显示了一个较为正面的态度，而后者，尽管对中国人民和革命怀有同情之心，所展现的却是一个悲戚荒凉的中国。

毛姆（1874—1965）是那个时代杰出的剧作家和小说家，他一部分作品的背景就设在亚洲。在小说《面纱》中，有约摸一半的故事发生在中国广东，当时辛亥革命刚刚过去几年，广东地区霍乱盛行，这就是故事发生的背景。虽然书中的主要人物都是欧洲人，但还是描绘了一群鲜活的中国人形象。小说的中心人物是一名叫做凯蒂的英国女子，她由起初对瘟疫区的孩子感到厌恶，到后来对他们逐渐了解并产生爱怜。书中的两位主人公，以及那位愤世嫉俗的英国人韦丁顿，都声称中国是他们的家园，他们绝不会弃之而去。凯蒂原本一直认为中国人肮脏、颓废、不可理喻，可是在到达广东之后不久，她便惊讶地听到韦丁顿说：唯有在中国这样一个淳朴宁静之地，"方可使一位智者领悟到人生之真谛"①。这部小说先后三次被搬上银幕，分别是在1934年、1957年和2006年。最近的这一次是和中国联合制作，并完全在中国拍摄完成，由美澳双籍导演约翰·卡兰担纲指导。由此可见，这部小说对于民主革命时期的中国形象有着持久的影响。

虽然这是一部以霍乱瘟疫为背景、带有悲剧色彩的小说，书中却并未弥漫绝望之情。反观马尔罗的《人的命运》却截然不同。这部小说描述的是革命党人陈在1927年的上海，试图以自杀式袭击的方式刺杀蒋介石，却最终以失败牺牲告终。尽管书中表达了对共产主义事业的良好意愿，但书中的革命

---

① W. Somerset Maugham, *The Painted Veil* (William Heinemann, London, 1925; Pan Books, London, 1978), p. 103.

杭州西湖及白堤，拍摄于 1966 年 1 月。

党人却被描绘成了被外界所操纵的傀儡。对于普通民众，马尔罗所展现的形象也主要是饥饿凄惨的。在书的结尾，马尔罗如是总结："消耗殆尽的中国轰然倒塌于血腥镇压中。"① 和毛姆不同，斯诺和马尔罗的作品都带有极强的政治色彩，不同的是前者对中国共产党的未来充满信心，而后者却极为悲观。马尔罗在戴高乐总统执政期间曾在内阁任职，特别是在 1959—1969 年担任了法国文化部长。我们在后文中还将涉及此人。

小　结

本章中所涉及的三个主要时段分别是 18 世纪、19 世纪和 20 世纪上半

① André Malraux，*Man's Fate*（Random House，New York，1961），p. 359.

期。中国的西方形象一直是复杂而多元的，但从宏观整体上来看，中国的形象在 18 世纪是正面的，在 19 世纪为负面的，而在 20 世纪上半期又重归正面。

当然，相较于 18 世纪的繁盛，中国在 19 世纪有所衰落。而在 20 世纪上半期，毫无疑问，又有所进步。但在我看来，这一时期，中国形象在西方的改善要远远高于这个国家的实际情况。除却进步之外，这一时期的中国灾难频发，改革屡败，列强割据，饥荒瘟疫盛行，此外还有日本大规模的进攻侵略。中国的西方形象在 20 世纪上半期得到长足提升的根本原因在于西方的政治策略而非这个国家的现实形势。路思义传媒帝国崛起所引起的共鸣，以及美国在华的传教活动都发挥了巨大的助力作用。而中美两国在二战期间结为盟国，共同抗击日本更是一个重要因素。西方各国势力对中国及其他国家所采取的不同的殖民策略也在一定程度上解释了这些国家对中国态度的差异。英法等老牌帝国主义势力日益衰败，特别是在第一次世界大战后，欧洲分崩离析。反观美国，直至 1941 年，它一直远离欧亚大陆战争的泥潭，得到了持续的发展。

不可否认，美国在义和团运动后对中国所采取的策略表现出了慷慨的一面，但在我看来，自 18 世纪早期至 20 世纪中期，权力关系和国家利益一直都是影响中国西方形象的重要因素。这种利益和权力关系并非在所有时代都始终如一，但它们在西方如何看待中国这个问题上一直都是重要的，甚至是决定性的因素。

第三章

中国政治与外交关系的形象（1949—1971/1972）

1949 年 10 月 1 日，毛泽东和他领导下的中国共产党宣布了中华人民共和国的成立。这一历史事件为中国的西方形象带来了又一次迅猛而剧烈的转变。新中国成立后，这个国家经历了巨变，且这些变化对于作为中国主体的劳苦大众来说是积极有益的，但是，与半个世纪之前不同的是，这一次中国的西方形象由正面转为负面。从根本上来说，这是由于中国共产党的政策违背了美欧利益且直指它们在中国的主要追随者。这一时期中国形象的巨大颠覆主要是由美国主导的，且本质上是与政治相关联的。

背景环境

此时的中国共产党刚刚击败了长期亲美及其他西方势力的国民党。从广义上来说，国民党所代表的正是中国共产党所反对的阶级利益。刚刚成立的中国政府决心在国内开展改革，重组社会经济秩序，打倒土豪地主，维护劳苦大众的利益。1949 年 7 月 1 日，中国共产党领导人毛泽东宣布实行“一边倒”的外交策略，即倒向苏联阵营。① 随着这一政策而来的是 1950 年 2 月中旬中苏两国在莫斯科签订了《中苏友好同盟互助条约》。

当时，美国竭尽所能地阻止中国共产党的壮大。尽管美政府中也有一部分人对中国左派的胜利乐见其成，但在本章所论及的时间段中，历届美国政府皆视蒋介石的“台湾政权”为“全中国之政府”，且在 1954 年与其签订了《共同防御条约》，迫切地想要摧毁中国共产党的政权。甚至就在中华人民共和国成立之前，时任美国国务卿迪安·腊斯克仍公开表示美国将尽其所能推

① Mao Zedong, “On the People’s Democratic Dictatorship”, 30 June 1949, *Selected Works of Mao Tse-tung* [*Mao Zedong*], *Volume IV*, (Foreign Languages Press, Peking, 1975), p. 415.

翻中国共产党的领导。[①] 中国政府的回应则是竭力维护自己的统治。

1950 年 6 月，在新中国成立仅半年后，朝鲜战争爆发。以美国为主导的西方多国联军打着联合国的旗号介入了这场战争。同年 10 月，中国人民志愿军渡江入朝，抗美作战。五年前还是抗日的盟友，此时却成为了战争的敌对双方。

第二次世界大战乌云初散，社会主义的苏联阵营和标榜自由民主的美国阵营之间的冷战大幕又逐渐拉开，并于 1949 年进一步升级。这一时期中国作为苏联的盟友与美国严重对立，但中苏之间的友谊也格外短暂，1956 年起中苏关系开始破裂且在其后的时间里进一步恶化，至 1976 年毛泽东逝世，尽管当时的中国尚未与美国建立正式的外交关系，而与苏联保持着这样的联系，中美关系却远胜于中苏关系。

朝鲜战争所反映的仅为冷战的诸多冲突之一。在中国周边的中南半岛地区还爆发了一系列其他战争，其中对于中国的西方形象影响最为深远的是越南战争。在这一战争中，美澳等国派军介入，试图阻挠越南共产党统一国家。1956 年 2 月，美国海军陆战队登陆越南，1973 年被迫撤出。与朝鲜战争不同的是，越南战争以国家的统一告终。在这一战争中，中国军队并未公开介入，更不要说大规模参战了，但中国一直大力支持越南左翼势力。对越南战争的介入在西方各国，特别是美国引起了大规模的抗议示威活动。我们将在后文进一步讨论其对中国西方形象的影响。

就中国自身而言，共产党的改革策略确实在重组社会、解放劳苦大众方面取得了成效。土地改革也许是一个痛苦的历程，但它将土地切实地返还给了那些辛勤劳作的人们，中国人民也达到了自清朝衰败以来的空前团结。至 20 世纪 50 年代中期，除旅顺驻有部分苏联军队外，中国大陆境内四海廓清，再无其他外国势力。在这一时期，中国的政治、经济、社会和文化都得到了

---

① 1949 年 7 月 30 日，在随中国白皮书一同递送的转送函中，腊斯克便声称："我认为我们应当鼓励中国当前以及未来一切以驱逐中国共产党和摆脱苏联'束缚'为目标的活动。"见 Roderick MacFarquhar，documented and introduced，*Sino-American Relations*，*1949－1971*（David & Charles，Newton Abbot，Devon，1972），p. 69。

耸立于香山山麓的宝塔及其周边景致，拍摄于1964年末。

高速发展。

自20世纪50年代末起，毛泽东在全国开展了“大跃进”和人民公社化运动，后人认为这些运动是极左路线的产物。由于同一时期中国国内发生了严重的旱涝灾害，“大跃进”路线导致了大规模的饥荒。毛泽东在中国共产党内采取了集权专制，持有反对意见者如彭德怀等人受到了批判。

“左”倾冒进路线的极端产物就是“文化大革命”。“文化大革命”，尽管其最激进混乱的阶段在1969年结束，实质上却是从1966年一直持续到了1976年。这一政治运动表现了阶级斗争的无限扩大化和极左政策。当时的中国虽然在经济上基本实现了平等，政治却极度动荡。以年轻人为主的民众分为多个派系，宣誓效忠毛主席并声称造反有理。他们之间彼此争斗，甚至是武斗，因而导致许多有才之士失去了生命。中国的整体发展也基本停滞不前。

形象构建

美国在这一时期对中国的西方形象占有绝对主导地位。美国政府出于主观意愿且发挥实际能力在国内外扩展反华同盟，并且压制一切与这一路线不一致的信息。二战后，美国的媒体、电影、出版行业在国际上的主导地位日益凸显，《时代周刊》等杂志依然对蒋介石及其“台湾政权”保持着绝对忠诚，而对中华人民共和国采取了敌对态度，它们在这一时期里继续发挥着对中国形象的塑造力。

同一时期，其他国家的政府机构、媒体和出版机构也对中国的西方形象有所影响。英国、瑞典和丹麦在 20 世纪 50 年代就与中国建立了正式的外交关系，中法也于 1964 年建交。总体上来说，这些国家的政府声明、媒体和出版文集，相较于美国来说，对中国和中国共产党采取了较为温和的态度，当然，无论如何它们依然追随着美国的脚步。英国广播公司作为当时世界上最大的广播电台极具影响力，它的全球服务在整个西方社会乃至全世界都是非常重要的形象塑造渠道。

从 1949 年起至 20 世纪 70 年代早期，在中国居住的西方人士数量极其有限，美国政府甚至禁止其公民访华。当时中国为数不多的西方记者和传教士们也在反对的浪潮中被迫或主动撤出了中国。极少数留在中国的基督教士其传教活动也被禁止。当时中国境内还有一部分在华工作的外国友人，但他们对西方的影响力不甚明显。来华的西方游客数量也不多，而那些真正来到中国的游客也本就对中国非常友好，他们希望参观中国的革命遗址并见证社会主义制度下中国经济和社会的发展。

至 1966 年“文化大革命”开始时形势进一步恶化。外国游客的数量进一步萎缩，西方记者和学者的活动也被限制在有限的几个城市内，即使是在那些对外开放的城市中，情况也比 1966 年前更为艰难。在采访官员和中国学者

1965 年 2 月的天津街景。在当时，外国人在天津街头还非常鲜见。

时，他们对于访谈的内容极为谨慎小心，这就使得这一时期有关中国的详尽而客观的研究和报告非常难以获得。

这种形势导致的结果之一就是大部分的西方媒体调查或是关于当代中国的学术研究都只能利用中国香港或台湾地区的资源，人类学访谈也只能在中国香港或台湾地区，而不是在中国大陆进行。美国驻香港总领事馆自1950年起定期汇编出版《中国大陆媒体调查》，尽可能多地翻译当时所能接触到的大陆媒体文章。

在1949年之前，传教士是一群极具影响力的形象塑造者。他们，总体上来说，对中华民国抱持着同情之心，而关键的形象塑造者们如路思义、赛珍珠等也都拥有传教士背景。除少数个例外，这些人在中华人民共和国成立后都转而对其采取了敌对态度，毕竟，中国共产党在意识形态领域支持无神论。大部分传教士坚信他们的传教活动对中国有益，因而对被迫离开中国十分抵触。在他们的观念中，美国和自由世界“失去了中国”。从香港地区和世界其他地区，他们持续地将关于中国以负面为主的形象传回了各自的国家。

此外，关于中国，还有两点必须要在此强调。其一，当时西方完全抗拒任何关于中国的正面信息。西方人士认为中国政府及其媒体所带来的任何消息要么是赤裸裸的谎言，要么是对事实的扭曲。其二，任何访问过中国且对其做出正面评价的人士都被打上了“幼稚”或是被中国共产党的宣传所“欺骗”的标签，甚至在某些情况下被认为是自己国家的叛徒。普遍的观点认为访华者的行程都被仔细规划，因此他们只能看到中国美好的一面。如果他们就此相信自己的所见所闻具有代表性或典型性则甚为愚昧。由于中国共产党的胜利，中国似乎一夜之间变成了另外一个星球，那里的统治势力不被了解但却绝对敌对，是邪恶的代表。

当然，同时也存在着一些正面形象的来源。在西方大部分国家都设有友好协会，贸易联合会也在英、法等欧洲国家以及澳大利亚发挥着积极的影响力。此外还有一些左翼团体、亲华的基督教士，他们中间的一部分人造访了中国并记录下了自己的经历。

尤为突出的代表人物是前文提到过的美国记者埃德加·斯诺。他于1960

延安的民众居所，拍摄于 1965 年夏。

年重访中国，尽管这一时期是新中国历史上经济最为衰败的时期之一，但斯诺仍然对中国保持着较为正面的印象，并在访华后写下了《大洋彼岸》一书。这本书可谓是在本章节所论及的时间段内关于中国正面形象最具有影响力的一本书。

另一位对中国共产党怀有同情和好感的人就是作家韩素音。她的父亲是中国人，母亲是比利时人。她大部分具有影响力的作品都发表在 1949 年到 1971 年间，其中最受欢迎的作品当属《瑰宝》（又名《爱是伟大的事》），这部自传式小说在 1955 年被改编成电影。

20 世纪 60 年代美国兴起的大规模的反越战活动引起了西方态度的转变，特别是在年轻学者中，其中最主要的变化就是对于社会平等表现出了比以往更为强烈的渴求。事实上，在此之前，民权运动在美国已卓有成效，女权主义运动也进入了新的阶段。人们对环境和以前被排除在主流之外的群体，如少数族裔和同性恋族群，都更为关注。转变这些态度的还包括学者和观察家们，相较于其前辈，他们更倾向于以正面的态度看待亚洲的革命，特别是中国革命，并从中寻求积极因素。许多人开始意识到这并不是一场极权主义的剥削，而是一场给普通人带来了诸多益处的变革。尽管仍然有少数人采纳极端观点，但从整体趋势来看，人们的思想正悄然发生着深远的改变。

1949—1966 年的中国形象

自中国共产党执政起至“文化大革命”期间，西方关于中国的最为盛行的两个观点分别是：第一，这是一个集权压迫的国家，没有任何个人自由可言；第二，这是一个具有侵略性的国家并企图统治世界。关于毛泽东和中国共产党则认为他们是压迫者，丝毫不关心人民大众，只考虑自身利益和统治地位。当然，在这种主流观点下也存在着较为温和的观点或截然相反的观点，它们相互影响，彼此中和。

“一个专制的政权”

美国从一开始就鼓吹关于中国的负面形象，这种负面形象主要集中在中国政府对其人民所采取的“高压恐吓”方面。1957 年，时任美国国务卿约翰·福斯特·杜勒斯在谈及中国共产党时明确表明了美国的官方态度，认为中国共产党“由暴力中获得权力，也依赖暴力维系统治。它（中国共产党）的当权并不是出于中国人民的意愿而是由于大规模的强制镇压”①。路思义传媒帝国和传教士们也支持这种观点，试图将中国所发生的一切涂上负面的色彩。

国家对社会的“镇压”以及个人主义和民主自由的“缺失”被总结成为一个词语用以描述当时的中国人民：“蓝蚂蚁”。它所描绘的图景是每一个人

① John Foster Dulles, to Lions International, in San Francisco, 28 June 1957 in MacFarquhar, documented and introduced, *Sino-American Relations, 1949－1971*, p. 134.

都穿着统一的蓝色服装，受到极端压迫和严格监管，以至于个体之间差异泯灭，趋近同一。法国记者罗伯特·格林在其 1956 年出版的书中这样描述中国人民：“一座蚂蚁的山，的确如此，他们已变成了蚂蚁山上的蚂蚁，蓝色的蚂蚁”①。与这一形象相关联的是中国共产党为达到这种惊人的统一所采取的手段，如持续的“洗脑”式宣传以及新型的却更为残暴的“东方式专政”。作家、记者盖伊·温特（Guy Wint，1910—1969）曾担任《曼彻斯特卫报》的首席记者长达 10 年之久，他的观点正代表了 20 世纪 50 年代广为流传的西方关于中国的看法：“共产主义政权，尽管为中国注入了活力，却仍然是一个集权政权，完全剥夺了人们的自由”②。

上海城隍庙前的广场，拍摄于 1966 年 1 月。

赛珍珠一生创作颇丰，在 1950 年至 1966 年期间，她发表了多部小说和两部自传。终其一生，她再未重返中国，1949 年之后她关于中国的影响力也有所减弱，但她却持续地影响着美国人对中国的看法。尽管在某些方面，赛珍珠表现出了进步的一面，例如，早在反对歧视黑人运动蔚然成风之前，她就是种族歧视的坚定的反对者③，但她的作品中却表现出了对中国共产党和

① *The Blue Ants*, 600 *Million Chinese under the Red Flag*, trans. Mervin Savill（Secker and Warburg，London，1957），p. 107.

② Guy Wint，*Common Sense about China*（Victor Gollancz，London，1960）.

③ 赛珍珠的传记作家 Peter Conn 在他的作品 *Pearl S. Buck*：*A Cultural Biography*（Cambridge University Press，Cambridge，1996）中的第 16 页写道：“早在部分白人知识分子关注种族不公之前，赛珍珠就已经为美国争取民主权利的斗争做出了巨大的贡献。”

北京故宫景致，拍摄于20世纪60年代中期。

中国革命强烈的敌意。1957年她发表了小说《北京信札》，讲述了一个爱情故事。书中的主人公一位是对中国饱含爱国激情的中美混血儿，一位是他的美国妻子，尽管故事主要发生在美国，书中却将20世纪50年代的中国描绘得专制而残暴，特别是对那些想要逃离其掌控的人肆意迫害。她的另一部小说《撒旦永不眠》出版于1962年并于同年被改编为电影。小说中，中国共产党笼罩在邪恶的迷雾中，而基督教则拥有英雄的光环。书中的主人公是一位共产党人，原本是一名强奸犯和杀人犯，后因认识到了自己的错误最终皈依了基督教。赛珍珠甚至对1911年推翻清廷统治甚为惋惜，认为“皇权应当被保留，体系应当被延续，而改革只应在这个框架中进行”①。

戴高乐时期，法国与中国建立外交关系，随后第一任法国文化部长安德烈·马尔罗于1965年访华并与毛泽东及其他中国领导人会面。读者也许还记得马尔罗先生是一位著名的作家，曾经写下优秀而感伤的小说《人的命运》。在他的自传中，马尔罗对中国做出了较为负面的评价，尤其是对于中国的全民动员和“上山下乡运动”所带来的个性的消泯和人性的吞噬。他还同时注意到了民众对中国共产党的宣传口号是全心拥护，毫无质疑，认为这是一种

① Pearl S. Buck, *My Several Worlds*, *A Personal Record* (John Day, New York, 1954), p. 381.

令人扼腕的愚昧。但他对毛泽东却很是认可，认为后者有着良好的意愿。他也意识到“民众是自愿主动地遵循标语和口号的。毛（泽东）也只能依赖志愿之士来建设中国。他更为急切地想要发展这个国家而不是发动战争”①。

与此同时还存在着另一种观点。这一观点认同中国革命所带来的改变，认为它为民众特别是贫苦阶层带来了福音。作家韩素音就是这派观点的杰出代表。她的小说《瑰宝》所展现的是一位英国记者与一位亚裔医生之间令人荡气回肠的爱情。这个动人的爱情故事发生在东亚，每当中国现于作家笔端的时候，她总是展现变革给这个国家的劳苦大众所带来的益处。

这种正面观点最为积极和著名的倡导者当属埃德加·斯诺。1960 年他重访中国后所写下的作品中展现了 1949 年以来这个国家社会的改善和平等的提升。例如，在有关上海的一个篇章中，他以强硬夸张的笔触抨击了新中国成立之前，社会名流，特别是依附于外国势力的所谓的精英们享受奢华特权而贫苦人民只能无奈挣扎的状况。② 当然他在某些方面也有失偏颇。尽管他承认在访华期间目睹了营养不良的情况，却否认大规模饥荒的存在。③ 但同一时期中国政府的数据却显示 1960 年的确存在着严重饥荒，中国的人口也在一年间锐减。④

在英国，也有一些知名作家积极宣传变革给广大中国人民所带来的益处。瑞典甚至向中国派出了留学生，他们中的一部分也以适度积极的态度记录下了自己的经历。瑞典记者马戴尔曾在 1962 年秋访问中国陕北的一个农村，采访了当地的农民，以期对那里的形势做出理智的评判。⑤ 此时的中国刚刚从饥荒中复苏，经济未见繁荣，但马戴尔对人民公社却显示出了相对积

---

① André Malraux, *Antimemoirs*, trans. Terence Kilmartin (Hamish Hamilton, London, 1968), p. 390.

② Edgar Snow, *The Other Side of the River*, *Red China Today* (Random House, New York, 1961, 1962), especially p. 529.

③ Ibid., p. 620.

④ *Zhongguo tongji nianjian 1983* (*Chinese Statistical Yearbook 1983*) (Chinese Statistical Press, Beijing, 1983), p. 103.

⑤ See Jan Myrdal, trans. Maurice Michael, *Report from a Chinese Village* (William Heinemann, London, 1965).

距离大寨不远的山西农村，拍摄于1966年5月。

极的态度，他的作品也塑造了中国人性化的一面。

苏联的控制

我们不妨来审视一下与中国外交关系相关的西方形象。美国政府对于中国不再卑屈于它的利益需求异常愤怒，在谈及苏联对中国的控制时，美国发言人更是毫不吝啬抨击之词。他一直将新中国的首都北京称为北平，因为在他看来北京之名实证了这个城市的首府地位。1951年，时任美国副国务卿迪安·腊斯克声称："我们并不承认北平那个自封的政府。北平政权不过是俄政府的殖民傀儡——一个大型的斯拉夫满洲国。它并不是中国的政府，因为它不符合最基本的要求，它不是中国人的政府"①。这种所谓的"毛泽东及其

① Speech of Assistant Secretary of State for Far Eastern Affairs Dean Rusk to the China Institute, New York, 18 May 1951, in MacFarquhar, *Sino-American Relations*, p. 100.

政府不代表中国”的叫嚣即使是在当时也是荒谬无稽的，所表现的不过是故步自封、拒绝接受现实的思想。但是这一所谓苏联控制中国的观点却在新闻界和学术界引起了广泛的反响。当然，为公平起见，我们也应指出他们中的很多人准确地预言了中苏同盟并不会持久。

1949 年之后的几年中，有一位不得不提及的英国作家 W. E. 琼斯上校（Captain W. E. Johns，1893—1968），他成功地创造出了弹无虚发的飞行员和探险家比格这一形象，风靡一时。1953 年出版的《比格在戈壁》一书就是他的探险系列小说之一。这本书在青少年，尤其是在男孩子中受到了广泛的欢迎，并被翻译成多国语言。比格拥有诸多能力，其中之一就是救人于危难之中。书中的背景设置在中国，恰逢中国共产党执政之初，故事围绕着对无助的西方传教士的营救展开，将中国描绘成了一个卑从于苏联的国家，中国人民解放军也被渲染成了凶残无度的军队，“为了嗜血的快感就会杀人，兴起时即使是自己的人民也不会放过”①。

我们应当注意，在中苏关系的背景下，“蓝蚂蚁”这一形象有所回温，到 20 世纪 60 年代初更为突出。1963 年出版的一部科幻小说将这一极具侮辱意味的形象发挥到了荒诞不经的极致。小说名为“蓝蚁”，由英国著名的多产作家伯纳德·纽曼（Bernard Newman）所著，描绘了作者想象中发生在 1970 年的中苏核战争。书中的主人公是一位对权力狂热、恶贯满盈的独裁者，他没有常人的情感，只有征服世界的野心。尽管他和他的苏联盟友企图利用“自由世界”达成自己的目的，却最终被“救世主”美国所打败。

很明显，在西方人眼中，中苏关系破裂后，中国成为了对世界和平更为致命的威胁。盖洛普民意调查就显示出了这一变化：在 1961 年，有 49%的人认为苏联是世界和平的首要威胁，有 32%的人认为中国更为危险；到 1963 年，有 47% 的人将这一罪责加诸中国身上；次年，这一数据更是上升至 56%。②

---

① W. E. Johns，*Biggles in the Gobi*（Hodder & Stoughton，London，1953），p. 50.

② Harold R. Isaacs，*Images of Asia*，*American Views of China and India*（Harper Torchbooks，New York，1972 ed.），p. xvii.

天津街景，拍摄于1965年2月。

不仅仅是政府，甚至是普通民众也相信“沉睡的巨龙已经苏醒”，他们认为也许对于世界来说，中国在一定程度上受制于苏联而非任其为所欲为是一件好事。一位研究核战争小说的学者对20世纪60年代初的核对抗以及纽曼的小说《蓝蚁》曾做出过贴切的评价：

> 1963年苏美英签署了部分禁止核试验条约，这在一定时期内缓解了冷战双方的紧张局势。但是在（20世纪）60年代早期，西方对中国产生了极端偏执的假想，认为这个不再受制于苏联的国家远比苏联更加肆意疯狂。这种偏执的假想在伯纳德·纽曼荒谬的恐华小说代表作《蓝蚁》中表露无遗。[1]

---

① Paul Brians, *Nuclear Holocausts: Atomic War in Fiction, 1895－1984* (Kent State University Press, Kent, Ohio, 1987), chapter 1.

在西方，还有许多作家也预言了中国灾难，我们将在后文中进一步探讨。众所周知，中苏关系在 20 世纪 60 年代开始恶化，并于 1969 年爆发冲突，但这远远没有达到核战争的程度。如此假想只不过是纽曼的个人臆断。

“好斗中国”

由于冷战期间中国站在苏联一边与美国对抗，西方理所当然地将中国归类为具有侵略性的国家。但将这一形象引向极致的却是朝鲜战争的爆发，特别是由于 1950 年 10 月中国军队入朝作战。随后不久，《生活》杂志在 1950 年 11 月 20 日头版头条刊登了题为“好斗中国终成威胁”的文章，宣称“中国红军在 20 年前不过是一群乌合之众的游击队，而今日却已成为了苏联化的极具威胁的战争机器”。1951 年 2 月 1 日，在美国的授意下，联合国指责中国入侵朝鲜。

此外，西方政府和民众习惯性地将中国的行为解读为“侵略”。当中国军队在 1950 年进入西藏，并于次年 5 月与当地领袖达成一致解放西藏、宣布其是中国不可分割的一部分时，西方认为“这是中国对他国的入侵占领”。当中国在 1962 年与印度发生边境冲突时，事实情况复杂难辨，无法确认究竟是哪一方首先挑起冲突，更勿论对错，西方却立即站在了印度一边并归咎于中国。每当中国同情邻国革命运动时，西方就指责中国不仅是这些运动的支持者，更是这些运动的发起者。在他们看来，似乎这些国家的革命家完全缺乏自我的动力和激情，不过是中国的傀儡。美国前国务卿约翰·福斯特·杜勒斯曾在 1957 年 6 月公开表明美国政府对毛泽东政府的态度：

> 它在朝鲜与联合国对抗，在印度支那支持共产主义战争，武力占领西藏，在菲律宾挑起共产主义的胡克运动，又在马来西亚煽动了共产主义暴动。它丝毫不掩饰自己的扩张野心，且憎恶联合国，认为这不过是它称霸路途上的障碍。①

---

① John Foster Dulles, to Lions International, in San Francisco, 28 June 1957 in MacFarquhar, *Sino-American Relations*, p. 134.

不幸的是，大部分西方人都接受了这一观点。在澳大利亚，罗伯特·高登·孟席斯（Robert Gordon Menzies）所领导的保守党联合政府甚至打着共产主义威胁的幌子谋求个人政治利益。孟席斯政府在 1951 年 9 月与美国签订了《澳新美安全条约》，因此大体上澳大利亚是站在了美国一边。作为一个 20 世纪五六十年代生长在澳大利亚的年轻人，我清楚地记得那些由中国指向澳大利亚的鲜红的箭头，它们代表的是一个“好战邪恶”的中国。可这一具有威胁性的形象之所以破纸欲出，极具冲击力，似乎不过是因为它们方向朝下，为地心引力所作用而已。

当然，关于“好斗中国”这一形象也有着不同的声音。因为澳大利亚所受这方面影响远胜于其他西方国家，也因为澳大利亚有着一群正直善良的人一直力图展示不同的中国，在此，我将以澳大利亚为例证来呈现一些关于中国国际行为较为正面的形象。

在“中国威胁论”的反对者中最具影响力的也许就是 C. P. 菲茨杰拉德教授（C. P. FitzGerald，1902—1992）。菲茨杰拉德教授本是一位英国学者，因其对中国各阶段历史的渊博知识和深刻见解而闻名于世。在 1953 年至 1969 年期间他被聘为澳大利亚国立大学远东历史系[①]教授，并发挥了巨大的影响力。他也曾担任澳中友好协会的主席，这一协会一直致力于建立与中国的正式外交关系，因此他对中国共产党及中国政府持有较为正面的态度。他认为中国的外交政策侧重于保护本国利益，并相信中国不过是希望洗清曾被入侵的耻辱并渴望赢得国际社会的尊重。他认为将中国的行为解读为对世界和平的威胁完全是无稽之谈。[②]

另一个对“好斗中国”的形象更为持久的反驳则来自于格里高利·克拉克。他曾就职于澳大利亚保守党联合政府外交部，学习过中文并反对将中国看

---

① “远东历史系”这一名称本身就表现了以欧洲为中心的态度，因为从欧洲来看，中国、日本、韩国才位于远东。但是对于澳大利亚来说，这几个国家更趋近北方或是西北，因此这一部门后被更名为“东亚历史系”。

② See C. P. FitzGerald，“Chinese Foreign Policy”，in Adams，Ruth（ed.），*Contemporary China*（Peter Owen，London，1969），pp. 7 - 25.

做对世界安全，尤其是澳大利亚安全的威胁。在他的著作《恐惧中国》中，他驳斥了美澳政府用以宣扬“中国威胁论”的一系列事件。例如，他指出在朝鲜战争中，中国是在联合国军队进入朝鲜之后方才介入，且面对的是美国入侵中国领土的威胁和可能性。在西藏问题上，他提出这一地区历来便是中国的领土，解放西藏更不应该被当做入侵。1962 年的中印边界冲突更是一件错综复杂的事件，有其历史根源。在这一事件中，印度远比中国更像是一个入侵者。①

在澳大利亚的政府和学界还有其他一部分人支持这样的观点，其中最值得一提的是斯蒂芬·菲茨杰拉德（Stephen FitzGerald）。他与前文提及的 C. P. 菲茨杰拉德并无亲属关系。和格里高利·克拉克一样，他曾供职于澳大利亚外交部，随后又前往澳大利亚国立大学攻读博士学位。在此之后，他协助澳大利亚自由党领袖高夫·惠特兰在 1971 年 7 月实现了对华的高层访问，并在 1972 年惠特兰当选为澳大利亚总理后帮助其建立了与中国的外交关系。斯蒂芬·菲茨杰拉德也成为了澳大利亚第一任驻华大使，为中国在澳大利亚的正面形象做出了积极的贡献。

个人经历与印象

在“绪论”中我曾提及将在研究中适时引入我自身的经历，在此我想讲述一下个人感受，也恰与上文所列举的有关澳大利亚的例证相衔接。1964 年北半球的夏天，我有幸接到了来中国执教的邀请。尽管生长于澳大利亚，但当时我正在英国剑桥大学攻读硕士学位，研究的方向是中世纪的回纥，因而主要依靠古中国史料。回纥曾经帮助唐朝的中央政府平定安禄山叛乱，这场战争杀戮无数，尸横遍野，黎民百姓深受其苦，纵观历史鲜有甚者。

1964 年夏季的一天，我偶遇一位英国朋友，他正准备起程前往中国执教。我向他建议，如果中国驻伦敦代办处的工作人员询问是否还有人愿意去中国执教时，不妨呈交我的名字。情况恰如所料。一个月后我和妻子爱丽丝在伦敦接受了中国代办处的面试。当时我们并没有鲜明的政治倾向，更多的

① Gregory Clark, *In Fear of China* (Lansdowne Press, Melbourne, 1967).

是受到了西方普遍的中国形象的影响。我们本以为会被问及个人的政治立场，但面试对此却未触及丝毫。不到一个月后，我们就出发前往北京了。[①]

当时英国与中国之间没有直达航班，我们先搭乘一架苏联航班飞往莫斯科和伊尔库茨克，后换乘一架中国航班辗转飞抵北京。在机场我们见到了北京外国语学院的英语系主任、杰出的英国文学学者王佐良先生等人。我还记得王先生向我和爱丽丝献上鲜花以示欢迎。

我们在北京的下榻之处是友谊宾馆内的一套舒适的两居室，在北京的生活受到了较为严格的管控，离开北京需要提前获得批准，但在北京城内活动则不受限制。北京外国语学院距友谊宾馆不远，且有专车接送。我们与同事基本隔绝，他们需要审批才能来拜访我们，也甚少邀请我们去他们家中。那时的中国贫困落后，学院和其北面的颐和园之间是大片的农田。

我还记得在中国的第一年境况较为艰难，但整体上我的同事们，无论是中国人还是长居在中国的外国人，都给我留下了非常良好的印象。时至今日，我与他们中间依然健在的绝大部分人还保持着深厚的友谊。

他们对毛泽东和中国革命都非常忠诚，我从未听过他们对此提出任何质疑。作为一个从澳大利亚来到中国的外国人，这一现象让我感到很是奇怪不安。但是他们愿意为国家做出个人牺牲的意愿和激情却让我非常震撼。无论是在大学里还是社会上，都洋溢着集体主义的精神，这对我来说也是十分新鲜的。当然，我必须说明他们对我都非常友善。

依我之见，这是一个专注于民族进步的国家。人民遵纪守法，虽然他们并不享有我所理解的自由，但在他们身上，我确实地看到了丰富多样的人性特征，表现在迥异的兴趣爱好和各式的衣着打扮上。最为重要的是，尽管他们爱国激情洋溢甚至民族情结高涨，但在我看来他们聪慧、忠诚、勤奋，是一群与你我无异的常人，而绝不是西方普遍认为的“蓝蚂蚁”。

中国之于我也绝不是一个妄想侵略他国的国家，更勿论征服世界。令我

---

① 我与故友尼尔·汉特曾将我们在中国的印象经历合著一本书，参见 Colin Mackerras and Neale Hunter，*China Observed*，1964/1967（Nelson，Melbourne；Sphere Paperbacks，London，Praeger，New York，1967）。

印象尤为深刻的是，我的同事和朋友们恰恰认为威胁来自另外一方。换言之，他们认为美国和西方其他国家正威胁着中国。毕竟，美国人从未掩饰他们对于蒋介石重新执掌中国的企盼和决心，而且他们想方设法地要驱逐毛泽东的当权政府。毛泽东和他的支持者在当时的中国占绝大多数，他们将这种政策认定为威胁毫不意外。此外，首先介入朝鲜战争的并不是中国，而是由美国操控的联合国。中国不过是在确认自身受到威胁后方才干预。因此我认为谴责中国是入侵者的行为是极度不公平的。

1965 年 2 月，我和爱丽丝与北京外国语学院签订了合同；1966 年 8 月，合同到期，我们决定续签。出乎意料的是“文化大革命”愈演愈烈。我确实记得当时的气氛变得紧张，授课的教材也日益强调政治性和宣传性。1966 年 5 月的一天，我们收到了停课通知。在这期间，我独自一人多次离开北京去外地探访，其中包括一趟前往内蒙古的旅程。

我们和尼尔·汉特夫妻以及其他的几位外国朋友还一起前往北戴河度假，待我们返回北京时，那里已经变得动荡不安了。人们在大庭广众之下受到侮辱，被迫举着海报自认是“反对派”、“人民公敌”。我们的同事开始分为不同派系，而王佐良等领导则被扣上了“修正主义”的帽子。

对于这些变化，我感到异常震惊，我更希望这不过是一种短暂的失常，尽管事实也确实如此，但整个“文化大革命”却远比我想象中持久。在中国执教两年的经历让我对这个国家和她的人民产生了深厚的感情，他们给我留下的印象也远比我澳大利亚同胞们对中国所持有的态度正面。我尤其坚决反对当时流行的“中国威胁论”。

“文化大革命”和西方形象

有鉴于这些个人经历，也就不难理解“文化大革命”进一步损害了中国的西方形象。西方世界认为毛泽东是一个疯狂危险的人物，而这场全民运动的唯一或主要目的不过是彰显其狂妄自大和自私自利。但是，随着西方反越战抗议活动的展开，同一时期也出现了一些正面的中国形象。

部分主流形象

报界和学界认为“文化大革命”不过是一场权力的斗争，与意识形态无关。这一观点的代表性作家是比利时学者皮埃尔·雷克曼（Pierre Ryckmans）。他以西蒙·雷斯（Simon Leys）为笔名写作，自 1970 年起在澳大利亚定居并先后在澳大利亚国立大学和悉尼大学任职。尽管他主要以法语写作，但他的作品被广泛翻译成英语和其他多种语言，在美国和其他各个地区流传颇为广泛。

他在一本关于中国的“文化大革命”的书里开篇就表明自己的观点：“‘文化大革命’除了名称并不具备任何革命性，除了最初的策略口号外不具备任何文化性。在虚幻的全民运动的烟幕之后，它实质上是少数高层之间的权力斗争。”①

西方对于“文化大革命”的主流印象是：一群狂热的年轻人挥舞着记录有毛泽东语录的“红宝书”，而这位国家领导人不过是希望通过令人反感、缺乏理智的个人崇拜等方法实现其“邪恶”的统治。毛泽东理论中对于阶级斗争的强调并非如他所宣称的那样是保存革命成果的切实方法，而是将意识形态作为政治武器来实现“集权统治”。所谓实现平等的目标也不过是假象。从效果上来看，“文化大革命”更是被与 20 世纪 30 年代的斯大林大清洗运动相提并论。

除常见的媒体新闻和学术讨论外，这一时期中国形象的另一来源是从中国“出逃”的年轻人。他们大都受到了西方的援助，离开中国后记录下了曾经亲历的“文化大革命”，他们所塑造的中国形象则是残忍、贫困、无知和悲惨的。

当然也存在着相反的形象，但它们直到 20 世纪 60 年代后期才开始发挥

① Simon Leys, *The Chairman's New Clothes*, trans. Carol Appleyard and Patrick Goode (Allison and Busby, London, 1981 ed.), p. 13. 这本书最初于 1971 年以法语出版。

影响力，也许这是因为美国在越南的失败是从 1968 年开始才日益明显。韩素音就非常支持毛泽东和“文化大革命”。埃德加·斯诺在 1970 年底 1971 年初最后一次访问中国，并采访了毛泽东和周恩来。他对此行所得大体上抱有积极正面的态度，认为在 1970 年，由毛泽东发起的“文化大革命”已取得了胜利。但是，他强烈地抨击其中的某些方面，特别是对毛泽东的个人崇拜。

从长远来看，有关“文化大革命”最为重要的正面形象也许来自于反越战抗议活动。当然，有关中国的讨论不过是“新左派”运动中的一个方面，但却是尤为重要的一个方面。1968 年，在美国成立了“关心亚洲问题学者委员会”，随后在其他国家也相应成立了类似的组织，其中包括部分对中国感兴趣的学者。许多“关心亚洲问题学者”会说中文，所学专业也是政治学、历史等相关领域。他们迫切地想要造访中国，但这一想法在当时很难实现。

1971 年夏天，15 位学者访华。他们全部会说中文且对这个国家有一定的了解。访问后他们将各自对中国的印象集结成册，并表达了对“文化大革命”较为一致的看法。这本书对中国的形势和“文化大革命”的成果都表现出了非常积极的态度，作者们将他们的感受总结为“活力”，认为“中国人民以极大的热情投入到新中国里去”①。

小　结

从 1949 年到 1971/1972 年间，中国的西方形象总体上来说是负面的，且在绝大部分时期是由负面形象主导的。当然也存在着逆流之声，但它们并没有得到大众的关注而只是局限于非常小众的左翼团体中。

这当然与当时的实际情况有相符之处。但中国的现实情况并非像其形象那般恶劣。当忆及我曾在 20 世纪 60 年代亲自生活过的中国，我并不认

① Committee of Concerned Asian Scholars, *China! Inside the People's Republic* (Bantam Books, New York, 1972), p. 2.

延安概貌，拍摄于 1965 年夏。偏右侧的山顶有一座宝塔，为当地的特色景观。延安在 1936 年至 1947 年 3 月期间为中国共产党的革命根据地。

同西方所渲染的那个“集权地狱”。我毫不怀疑绝大部分中国人是支持中国共产党的，而我也为我的同事、学生、朋友们所表现出来的革命激情所震撼。

是什么原因导致这一时期中国的西方形象如此不堪呢？我认为主要是因为中国的利益背离了西方的利益，且这一改变发生得太过突然。曾在中国享有特权的传教士们，一夜之间转而被抵制甚或不能见容于中国。曾与美国及其他国家并肩抗击日本的中国军队走上朝鲜战场与他们成为了敌对的双方。美国曾竭力阻挠中国共产党当权，却最终以失败告终。而在中国共产党执政后，美国又公开宣扬要推翻共产党重建国民党的统治。在“文化大革命”中遭受到最多折磨的人也正是那些与西方有着密切的经济文化往来的族群。简言之，形象由正面转为负面更多的是由于政治的转变而非现实的变换。

20 世纪 60 年代晚期至 20 世纪 70 年代早期，中国的西方形象略有改善，这既是源于中国国内形势的好转，也是由于美国在越南战争中深陷泥潭。随着美国干预政策的失败，“新左派”运动声势渐长，可见中国形象这一次转变的关键依然在于政策的变化，而这一改变的累积最终带来了更为剧烈的转变：1971 年 7 月美国总统尼克松宣布即将访华。我们将在下一章对此进行进一步的讨论。

第四章

中国政治与外交关系的形象（1971/1972—2001）

本章主要涵盖1971/1972—2001年这一时间段。在1971年和2001年这两年中，皆有影响中国西方形象的重要事件发生。1971年，美国总统理查德·尼克松的国家安全事务助理亨利·基辛格访华。尽管这一事件在当时是高度保密的，但随后发表的公告却震惊了世界：美国总统尼克松将于次年出访中国。2001年，基地组织分子劫持飞机撞向位于纽约闹市区的世界贸易中心，致使双塔倒塌，制造了美国“9·11”恐怖袭击事件。同年年底，中国加入了世界贸易组织。这一时期内的其他重大事件还包括1989年春夏之交北京发生的政治风波，但这场政治风波很快被平息。

从中西政治关系，特别是中美政治关系来看，基辛格和尼克松访华的意义重大且影响持久，而1989年的政治风波影响力虽具有破坏性却较为短暂。2001年所发生的两件事件，大体上也具有积极的影响，这一点我们将在后续章节中进一步讨论。从中国的西方形象来考量，基辛格和尼克松的访华是非常积极的，而1989年的政治风波则是负面的，且它们的影响一直持续到今日。以“钟摆”理论为喻，1971年到1972年，中国的形象发生了由负面到正面转化的宽幅摆动，而1989年的情况则恰恰相反。同一时期内也发生了一些其他变化，但它们的影响力较为微弱。

在这两次摆动中，第一次变化主要是由美国总统发起、中方积极响应的，而第二次变化则源自于中国内部事务，但其影响力因西方媒体、学界人士以及政府官员的参与被过度放大。可见，西方的政治局势不仅是1971—1972年变化的根源，也是1989年变化的催化剂。

背景环境

这一时期见证了中国的巨大改变。在其初期，毛泽东仍然是中国的主要领导人，“文化大革命”依旧是官方政策。1976年9月，毛泽东逝世。其后不久，包括其遗孀江青在内的极左的“四人帮”被推翻并拘捕。两年的过渡期后，1978年12月中国共产党召开了十一届三中全会，揭开了改革的序幕，确立了以邓小平为核心的领导集体，但邓小平一生却未曾担任过中国共产党或国家最高领导人职务。1972 年 2 月，尼克松对中国的友好访问击破了中美关系的坚冰，开启了一个崭新的时代。1979 年 1 月 1 日，几乎与十一届三中全会同时，中美正式建交。

社会主义改革的主要特征就是中国经济长期高速的增长。与此同时，政治领域和社会风貌也发生了巨变。20 世纪 80 年代更为自由的氛围在社会各个领域蔚然兴起。1981 年，中国官方发表决议彻底否定和终止了“文化大革命”，政治管控进一步放松，对个人生活和文化艺术发展的束缚也大大减少，艺术作品百花齐放，思想观念百家争鸣。但这一时期中国开始实行计划生育政策。这一政策不可忽略，因为它不仅在中国而且在西方都引起了广泛争议。

1992 年年初，邓小平在南方谈话中明确重申改革路线决不动摇，政治风波对中国经济和社会发展的影响就此消散。20 世纪末，中国又发生了两件具有重大意义的事件，即 1997 年香港回归和 1999 年澳门回归。

改革时期也见证了中国与西方国家关系的改善和交流的扩展。美国总统罗纳德·里根（任期 1981—1989）在当选前曾宣布将对中国采取强硬立场，但在他执政期间中美关系却大为改善。尽管中国同西方国家的关系受到了 1989 年政治风波的影响，但几年后皆恢复正常。20 世纪 80 年代，中国同苏联的关系也走出 20 世纪六七十年代的低谷开始回温。

20 世纪最后一个 10 年也是国际风云沧桑变化的 10 年，也许其中最为重要的事件就是 1991 年苏联的解体。这一事件改变了国际关系格局，标志着美苏两极体系的瓦解。美国成为了世界上唯一的超级大国，国际政治的分水岭也不再是社会主义和自由资本主义。20 世纪 90 年代，欧洲爆发了多次冲突，非洲及世界其他地区纷纷发声将种族形象作为重要的议题摆上了国际政治的台面。

在这一时期内，国际社会和媒体发展的趋势表现为人权意识的日益彰显。作为美国总统，吉米·卡特自 1971 年 1 月到 1981 年 1 月大力推进人权概念，但直至 20 世纪 80 年代和 90 年代这一概念才广为盛行，其中包括对少数族裔和女性群体的关注。西方国家站在个人主义的立场上，指责任何压抑了个体权利的个人、政府和国家，而发展中国家则倾向于依据集体主义的信条，主张群体利益重于个体权利。1991 年底中国发布的人权状况白皮书就是遵循这一思路，以马克思主义的观点来解释人权。但是，主流的西方观点对中国的西方形象却具有主导性的影响，西方世界不少人都以与中国政府截然不同的视角来解读诸如中国对西藏“独立”图谋的平定和对 1989 年政治风波的平息。

尼克松访华本身及其预备阶段进一步加强了美国在中国形象构建中的主导地位，美国前往中国的人数也超越其他西方国家。此外，美国及其他西方国家访客，包括游客、商人、记者、学者等，在中国所能到访的区域也大幅扩展。以欧洲各国语言写成的旅游指南在此之前受到严格限制，而在这一阶段各国却派出先锋四处搜寻引人入胜的旅游景点。除团队游客外，背包客开始在中国涌现，旅行者人数剧增。与此同时，中国的旅游业也得到了蓬勃发展，对国内外旅客的接待能力得到了提升。各大世界组织，如联合国、世界银行等，与中国的联系也日益密切。虽然这些组织的设立范围并非仅限于西方，但它们对西方世界的影响力却是显而易见的。

在当今世界，有一个对形象塑造影响深远的媒体，包括中国的西方形象，它就是美国有线电视新闻网（CNN)。它创建于 1980 年 6 月，在本章所讨论的时间范围内，其影响力初见端倪，且一直持续到 21 世纪。它的总部设在美国，在世界多个区域全天 24 小时进行播报，并创造了一个全新的词语“CNN 效应”。一项研究曾将这一效应定义为“一个复杂的现象，即对不断发生的人类事件和灾难进行即时深刻的报道，并将这些报道潜在地传输给世界上每一个可通电的家庭，由此促使政府、市场和国际组织做出更为迅速的政策反应”①。

关于 CNN 效应，有两点特别值得注意。第一，由于 CNN 效应，一些尤为鲜明的形象，无论是否源自于 CNN，无论是否客观，无论是否公平，都成

① David M. Lampton, *Same Bed, Different Dreams, Managing U. S. -China Relations, 1989 - 2000* (University of California Press, Berkeley, Los Angeles, London, 2001), p. 264.

为了西方假想中根深蒂固的一部分。第二，生动的电视报道所呈现的短暂事件往往比整体发展趋势有着更为强烈的形象冲击力。电视和其他媒体也曾尝试对严肃长效的话题进行讨论，但与简短的戏剧化事件相比，前者对形象的塑造力却难与后者比肩。一个长达一个小时、关于过去10年经济发展的电视节目对于形象的冲击力远逊于一个关于大型游行示威或警察打人事件的一分钟抓拍，尽管前者的重要性远胜于后者。

中国形象的两次转变

基辛格认为，其在1971年7月的秘密访华的重要意义已超越了次年的尼克松访华，堪称“尼克松执政期间最大之创举”①。关于基辛格访华的公告出人意料，一经公布即对中国形象产生了巨大的影响，且其积极作用随着尼克松访华的成行进一步突显。一份盖洛普报告指出，98%的民众曾听闻或阅读过有关总统访华的报道，堪称盖洛普民意调查创建37年以来最具公众认知度的事件。② 当电视画面展现“尼克松与周恩来握手以及总统车队行驶在冬日的北京街头时”，CNN效应达到了极致。③

政治立场改变的效力之一就表现在对中国人民的态度上。一项1966年的盖洛普调查显示，当时的美国人认为中国人勤奋、无知、好战、狡猾、奸诈。而在尼克松访华一个月后的1972年3月所进行的一项盖洛普调查则表明，在美国人眼中，中国人民的主要特性为勤奋、聪慧、上进、诚实且具有艺术性。1966年调查中唯一的正面特性“勤奋”在1972年调查中更显突出，而其他所有的负面印象均转为正面。这种变化如此具有戏剧性，以至于伊罗生（Harold Issacs）认为它更像是“在高荡着的秋千上的旅行”而不仅仅是钟摆

① Henry Kissinger，*On China*（The Penguin Press，New York，2011），p. 236.

② 引自于 Harold R. Isaacs，*Images of Asia*，*American Views of China and India*（Harper Torchbooks，New York，1972 ed.），p. xxii。

③ Lampton，*Same Bed*，*Different Dreams*，p. 267.

的摆动。①

当时访问新中国的西方记者和观察家们大都是第一次来到这个国家，但当他们离开时，他们中的绝大部分都对自己的所见所闻抱持着主要或是绝对积极的印象。在这些访客中，最负盛名的也许就是哈佛大学教授费正清(John King Fairbank)。在他的传记中，他被誉为“中国通”②，他也是美国关于近现代中国研究的泰斗。他在新中国成立之初就主张美国同中国建立正式的外交关系，但美国政局却认为他在情感上过于同情中国共产党而未予采纳。实际上他与中华人民共和国的关系十分复杂，在“文化大革命”的早期阶段，美国年轻的激进派学者还曾将他看作是美国帝国主义的亲密盟友。

杭州郊外烟霞洞附近的一个山村，拍摄于1966年1月。

在新中国成立前，费正清曾在中国居住生活过，但直到1972年中旬他才对新成立的中华人民共和国进行了第一次访问。应周恩来总理的邀请，费正清偕夫人重访了他曾于20世纪30年代访问过的中国北部农村地区。他对于此行所见到的景象表现出了惊人的积极态度，并评论说：“与40年前相比，中国农村的变化堪称是一个奇迹，这也许是所有时代中规模最大的一场变革”③。这是多么强有力的话语！

一份关于西方对中国印象的总结将1972—1977年称为“欣赏的年代”，其中主要的特点是将中国视为一个“宁静的共产主义社会”，这在很大程度

① Isaacs, *Images of Asia*, p. xvii. 两次盖洛普调查中关于中国人特性的具体数据见第18页。

② Paul M. Evans, *John Fairbank and the American Understanding of Modern China* (B. Blackwell, New York, 1988), p. 1.

③ John K. Fairbank, *China Perceived*, *Images and Policies in Chinese-American Relations* (Alfred A Knopf, New York, 1974), pp. 21-22.

上也反映了上文所提及的有关中国人民的正面形象。随之而来的是 1977 年到 1980 年的醒悟，因为这一时期中国明显偏离了以往的价值体系和方针策略，而这些恰恰是西方所欣赏的。1980—1989 年是一个“善意的年代”[①]，其标志性的特征就是一个“现代化的国家”，反映在官方针策和社会现实上，也反映在这种现代化为西方资本主义所提供的广阔的新兴市场上。

但形象从来不是停滞不变或坚如磐石的。斯蒂芬·莫舍（Steven W. Mosher）创造出了“善意的年代”一词用以描绘 20 世纪 80 年代，可他本人却鼓吹关于那个年代的极为负面的形象。[②] 后文将讨论的几个事件所带来的形象，如人口政策、中国“西藏问题”等，也主要是负面的。此外，尽管当时由美国主导中国的西方形象，但其他的国家也有着各自的信息来源、新闻报道、学界观点和外交官员。前文所提及的皮埃尔·雷克曼在 1955 年后于 1972 年重访中国，并表示此行的见闻对他毫无触动：“1955 年的访问让我印象深刻，那时每一件事物都是崭新的，充满了朝气与生命力。而如今则截然相反，每一件事物都是陈旧衰败、死气沉沉的。”[③]

论及 1989 年的政治风波，西方的主流观点对其评价是负面的。CNN 效应在此强力展现，它在 1989 年对中国的报道时长是前一年的 10 倍还多。盖洛普调查显示，它对美国对华态度产生了灾难性的影响，且更为突出的是，这一影响持续了 10 年之久才略有改观。

> 20 世纪 80 年代，美国人的态度变得日益积极，并在 1989 年 2 月的盖洛普调查中达到顶点，有惊人的 72%的民众表示他们对那个国家[④]持正面态度。1989 年春夏之交发生政治风波，同年 8 月，持正面态度的人

① Cao Qing, “Perspectives on China—Western”, in Linsun Cheng (general editor), *Berkshire Encyclopedia of China* (Berkshire Publishing Group, Great Barrington, MA, 2009), vol. 4, p. 1750.

② “善意的年代”（“The Age of Benevolence”）是斯蒂芬·莫舍所写的一本书的第九章的标题，参见 Steven W. Mosher, *China Misperceived*, *American Illusions and Chinese Reality* (Basic Books, New York, 1990), pp. 187 - 201。

③ Simon Leys, *Chinese Shadows* (The Viking Press, New York, 1977), p. 159.

④ 指中国。——译者注

群比例急剧下降至34%。在随后的几年中，这一数据持续微幅震动。今年（指1999年——作者注）5月进行的最近一次盖洛普调查显示，持正面态度的人群占38%，与10年前并无二致。①

这些数据清晰明显地表明中国的西方形象在20世纪80年代为积极进取之国，而在20世纪90年代则转为负面。这种转变后面有着非常错综复杂的因素。许多美国人都希望并期盼中国能够像东欧社会主义国家那样推翻共产党的领导，并由马克思—斯大林模式的社会主义制度演变为西方的自由民主制度。② 一些其他西方国家人士也有着相同的期盼，只不过不像美国人那样迫切。众所周知，这一假想并未成真，恰恰相反，邓小平1992年的南方谈话进一步巩固了中国共产党的权力和执政地位，中国的改革开放和经济建设也得到了强劲复苏，它们所带来的影响我们将在后续章节中分别讨论。

关键因素

从基辛格访华起到20世纪末，发生了许多政治外交事件，下文仅讨论在作者看来对中国形象尤为重要或是格外有趣的几点。西方舆论一向善于追踪重要或热点事件，因此我们讨论的顺序也将按照这些事件对西方舆论产生影响的时间排列。

邓小平的领导和形象

"文化大革命"初期，西方对毛泽东普遍持负面态度，但反对美国和其他

---

① Frank Newport, "Americans Unfavorable Attitudes Towards China Unchanged Ten Years After 1989", Gallup News Service, 3 June 1999, http: //www.gallup.com/poll/3805/americans-unfavorable-attitudes-towards-china-unchanged-ten-years-aft.aspx.

② 西蒙·雷斯曾在1989年6月宣称："中国的共产主义政权"早在"几年前便已死亡"，现在不过是"彻底崩塌前的垂死挣扎"。See "When the 'Dummies' Talk Back", *Far Eastern Economic Review*, vol. 144, no. 24 (15 June 1989), p. 19.

国家对越南进行干涉的左派人士则对他推崇备至。基辛格和尼克松的对华访问大幅提升了毛泽东的形象，不仅仅是在左派年轻人中，更是在普通大众中。到其逝世时，西方已将其视为近乎于帝王的伟大领袖，认为他将天翻地覆且积极正面的改变带到了中国。①

由于本书主要关注当代而非过去的形象，因此对于1976年以后毛泽东的形象这个极为复杂的论题仅作简述。有关毛泽东及其历史地位的书籍、文章、小说、电视广播节目，甚至是歌剧都不可胜数。历史学家们迄今为止的研究也穷尽各种资源，特别是一些新近公开的资料。由于这些资料中的大部分过于强调毛泽东个性和活动中的阴暗面，久而久之，相关研究的总体趋势便将毛泽东描绘成了一位暴虐专政、狂妄自大的人物，而他对中国的贡献也被认定为鲜有助益或完全负面。②

但在本章所讨论的时间段中最为关键的人物是邓小平。作为“改革开放的总设计师”，他给中国命运带来了巨大的转折。著名的普利策新闻奖得主哈里森·索尔兹伯里（Harrison E. Salisbury，1908—1993）将邓小平与毛泽东并称为“新皇帝”。他写道：“在中国浩瀚的历史中，数以百计的人生来便具有皇帝的称号，但论及施展个人才能和政治权力，他们当中鲜有人能与毛泽东和邓小平匹敌。此二人方为真皇帝”③。1997年2月，邓小平逝世时，《时代周刊》刊发的讣告便题为“邓小平：最后一任皇帝”④。

毛泽东与邓小平的相同之处在于二人都具有帝王权势的形象，但从整体上来说，邓小平在西方的正面形象远胜于毛泽东。邓小平于1979年和1986

---

① 在毛泽东去世后不久，学者迪克·威尔逊对他做出了高度评价。See Dick Wilson, ed., *Mao Tse-tung in the Scales of History* (Cambridge University Press, Cambridge, 1977).

② 也许对于毛泽东最为负面的评价来自于张戎和乔·哈利戴［*Mao: The Unknown Story* (Jonathan Cape, London, 2005)］。在书中，他们将毛泽东描述成了一个狂妄自大的魔鬼，只关心自我而没有任何崇高的追求。书中最后一句话如此评价毛泽东的离世（654页）：“他的大脑在最后一刻依然清晰，而他所考虑的唯一问题就是他自己和他的权力。”

③ Harrison E. Salisbury, *The New Emperors, China in the Era of Mao and Deng* (Little, Brown and Company, Boston, Toronto, London, 1992), p. xiii.

④ Howard Chua-Eoan and James Walsh, "Deng Xiaoping: The Last Emperor", *Time*, vol. 149, no. 9 (3 March 1997), p. 60.

年两度当选为《时代周刊》的年度风云人物，并被《成功》杂志评选为 1985 年的成功者。1979 年邓小平访美，在得克萨斯州参加了马术竞赛并戴上牛仔帽照相，获得了美国人民的认可。

《时代周刊》和《成功》这些广具影响力的杂志选择邓小平的原因不尽相同，但乔治·丘奇（George Church）曾撰文这样解释和评论《时代周刊》1986 年的选择：

> 出于中国对阴阳平衡的推崇，邓小平的二次革命是一次伟大而不朽的努力。他试图将看似矛盾的元素结合在一起：国有化与私有化、中央计划与市场竞争、政治集权和有限的政治经济自由。的确，这是对西方和马克思世界的双重怀疑，是将共产主义与资本主义结合的尝试。[①]

《成功》杂志上的文章则出自于哈里森·索尔兹伯里的手笔。他盛赞邓小平，认为他使中国走上了一条新的、成功的“快车道”，且“毫不犹豫地借鉴西方先进经验”[②]。

1989 年政治风波发生后，一些西方观察家对邓小平有一些负面的评价，但在 1997 年邓小平离世时，他们撰写的讣告却普遍反映出了积极正面的态度。尽管他们也提及一些负面的内容，但他们更为关注的则是由他所领导的成功的现代化、他给中国带来的变革和中国人民生活水平的提高。一份讣告称赞：“就其所造福的人数而言，邓小平超越了其他所有的领导人——无论任何时间，任何地点。”[③] 这句话被作为文章的副标题加以强调。在我看来，这是对一位国家领导人的无上颂扬。

许多评论都承认邓小平创下的丰功伟绩。他造福于千万民众，这的确是一项伟大的成就。但依我之见，邓小平之所以能在西方享有盛誉，特别是与

---

① Church, George J., “China: Old Wounds Deng Xiaoping”, *Time*, vol. 127, no. 1 (6 January 1986), p. 24.

② Harrison E. Salisbury, “China's CEO”, *Success!*, vol. 33, no. 1 (January/February 1986), p. 72.

③ Thomas Hon Wing Polin and Tim Healy, “Man of the Century”, *Asiaweek*, vol. 23, no. 9 (7 March 1997), pp. 31, 32.

毛泽东相比，背后有其政治因素。前面的引文也揭示了这些原因。正如索尔兹伯里所说，邓小平毫不犹豫地借鉴西方先进经验。他将市场制度引入中国，这看起来似乎就是西方所推崇的“资本主义”。中国的现代化与“西化”也有着诸多相似之处，在某些方面，它们甚至就是同一进程。

人权问题

相较于许多其他事件，1989 年政治风波对中国西方形象的影响尤为明显，特别是它将人权问题与中国形象密切地联系在了一起。事实上，所谓中国人权状况恶劣这一指责并非始于 1989 年，但自此以后，人权问题对于中国形象的重要性却日益提高。这源自于一系列原因，其中部分涉及中国内政，除 1989 年政治风波外，还包括一些少数民族地区问题等。

在 20 世纪 90 年代，人权问题之所以对中国的西方形象影响如此深远，关键因素在于国际和西方的政治局势，其中尤为突出的是 1989 年东欧社会主义国家发生剧变，以及随后在 1991 年的苏联解体。西方社会据此推断它们的自由民主制度无疑是最好的政治体系，也是唯一能够保障人权的制度。人权外交成为了中西关系中的重要一环。人权激进组织和个人游说政府官员将人权问题作为攻击中国的借口。1993 年国际奥委会将 2000 年奥运会的主办权授予了悉尼而非北京，原因之一就是来自于美国和其他国家的人权压力。

比尔·克林顿执政的前 16 个月中，美国国内就是否应当将对华最惠国待遇与人权问题挂钩争吵不休。执政伊始，克林顿受到部分民主党人士和政府官员的鼓动对中国提出了附加条件：“我们是否继续延长中国的最惠国待遇取决于中国是否按照**我们**的标准在人权方面取得进步。”他的举动实际上强调了人权超越经济的重要性。这一立场虽受到了人权激进组织的支持但遭到了贸易游说团体的反对。其他国家，包括一些西方国家，利用克林顿这一进退维谷的困境寻求与中国建立贸易往来并获得了本应属于美国的商业合同。由于一系列的原因，克林顿的挂钩政策并未得到其他一众国家包括美国的忠实盟友澳大利亚的支持，1999 年 5 月克林顿尴尬宣布将中国的最惠国待遇与人权问题脱钩。

在这场政治较量中，中国取得了胜利：经济确实重于人权。但那些自诩站在道德制高点的人权游说团体仍然不断地抨击中国。激进组织如“大赦国际”（Amnesty International）、“新中国人权”（Human Rights in China）以及美国国务院均发布了“中国人权报告”，强化了中国作为一个侵犯人权的国家的形象。

表4—1给出了20世纪90年代末期美国民众对于中国人权状况的看法。1997年和1999年的数据几乎一致。但值得注意的是，美国总统克林顿曾在1998年访华，这一行程在当时似乎对双边关系和双方形象都有着积极的影响，但在数据中却并没有体现。在第二次民意测验几周前，也就是1999年5月8日，北约轰炸了中国驻南联盟大使馆。中国国内大规模的游行示威活动表明了中国对西方以及西方人权状况的印象糟糕至极，几乎没有人相信北约所谓轰炸是一场悲剧的意外的托词。但与此同时，中国的西方形象在人权这个问题上似乎也深陷泥潭。

表4—1　　你怎样评价中国政府对其公民人权的尊重？

	优	良	中	差	无评价
1997年5月30日—6月1日	3%	17%	35%	34%	11%
1999年5月21日—23日	3%	18%	35%	34%	10%

那么在西方是否有人认同共产主义的人权观，即普通中国民众整体生活水平的提高代表着良好的人权状况呢？也许并不多，但仍然存在着一部分，这也就解释了为什么至少有20%的美国民众认可中国政府对人权的尊重。1997年，三位著名学者为美国蓝德公司亚太政策研究中心撰写的一份报告显示，自1989年6月以来“大部分中国人的人权状况正在不断改善”。尽管这份报告对中国人权状况整体持负面评价，但它确实承认“中国人权记录得以改善”，并暗指其受益于中国人权状况的好转。①

① Michel C. Oksenberg, Michael D. Swaine and Daniel C. Lynch, *The Chinese Future* (Pacific Council on International Policy, Los Angeles, and RAND Center for Asia-Pacific Policy, Santa Monica, California, 1997), pp. 13-14.

政府机构

自尼克松 1972 年访华后，越来越多的西方游客来到了中国。“极权主义”的标签不再适合描述中国政府的整体形象。1978 年，邓小平确立了核心领导地位，此时，西方主流观点将中国政体看作是一个“集权的、现代化的体制”①。这一形象一直持续到 20 世纪 80 年代末期。与此同时，民众自由度不断提升，法律体系得以重建。

尽管出现了 1989 年政治风波，但集权主义的形象，而非极权主义，仍然主导了 20 世纪 90 年代。1988 年，中国农村开始实行民主选举。上文引述的蓝德公司的报告对中国政府通过农村选举将民主观念引入草根基层这一做法予以赞赏。② 自 1998 年以来，受中国外交部邀请，非政府性、非营利性组织卡特中心（Cater Center）③ 通过培训选举官员等项目协助中国农村选举，这一举动也蕴涵着相对正面的态度。

但是，蓝德公司和卡特中心所代表的关于中国政体的后 1989 时期印象，虽较为正面却略显次要。这一时期的主要形象仍是“一个压迫的、腐败的体制”，反映在一系列的书籍、文章甚至是电影中。一位学者评论家在阅读了关于 20 世纪 90 年代的中国的四本书籍后评论说，快速发展所带来的最为突出的劣势就是“中国贪腐泛滥，从高层官员数以百万计的豪贪巨蠹到不入流的乡村干部所收纳的超生罚款”④。

1997 年，一部关于中国形象的电影《红色角落》（*Red Corner*）发行上映，电影由李察·基尔主演。这部影片并未获得影评人特别是顶级影评人的

---

① See Mosher, *China Misperceived*, p. 188. 莫舍反对任何对中国持积极态度的观点。他对于将中国政府看作是一个集权的、现代化的体制的观点也非常不屑。但我认为他对于西方主流观点将中国政府看作是一个“集权的、现代化的体制”的总结还是正确的。

② Oksenberg, Swaine and Lynch, *The Chinese Future*, pp. 13 - 14.

③ 这一中心在 1977—1981 年由美国时任总统吉米·卡特资助，在 1982 年由他的妻子罗丝琳资助。中心的主旨在于促进对人权的尊重和缓解人类的痛苦。

④ Beverley Hooper, “‘Real’ China in the 1990s”, *The China Journal*, no. 39 (January 1998), pp. 85 - 86.

赞赏，也未取得票房成功，但它在多国上映也确实反映了一些普遍存在的态度。李察·基尔作为一位著名影星，也因其极度反华而闻名。

电影主要是讲述一位在华工作的美国人，他被误控谋杀一位女性。为他辩护的中国女律师从一开始怀疑他的清白到最后对他完全信任。这位美国人最终得以洗脱自己的罪名，而真正的凶手却是涉嫌贪污谋叛的政府高官。

电影中所展现的中国法律体系不但有失公正更畏于权势，就连警察也可通过贪赃舞弊干涉司法结果。所展现的监狱肮脏可怖；政府贪赃枉法，官员枉顾事实，为个人利益而捏造指控。同样值得注意的是，这部电影传达了这样一个观念：只要英雄的美国人民勇于用西方“自由民主”的价值观挑战中国体系，定能取得最终的胜利。它所宣扬的是一个自认为在道德、政治上优于中国的西方文明，并臆断这一文明将引领中国的进步。这种价值观不过反映了极端的种族优越感。

邓小平时代的结束让许多西方人士开始质疑中国的稳定性，他们不知是否会有一位领导人站出来制衡相互博弈的各方力量。一位记者将 20 世纪 90 年代以来的中国形容为“混乱无序”，腐败蔓生，当权者牺牲普通民众的利益以获得巨大的个人财富。他预测中国将会出现权力真空，而装载着“对抗、怨恨、复仇和其他诸多毁灭性情绪的潘多拉魔盒”将被开启，并有可能引发“一系列的动乱”，甚至“撼动整个世界”。但另一本博远精深的著作所描绘的图景却没有如此惨淡凄凉。书中汇集了顶尖的中国问题研究专家的文章，这些作者认为世纪之交的中国所面临的是“文化大革命”以来最不稳定的一个时期，但他们分析认为当时的局势不过是“稳定中的动荡”，稳定与动荡因素并存。① 也许会出现频繁的骚动和争论，但“任何一个组织或民众的不满情绪”都不可能“在未来的几年中从根本上挑战中国的领导体制”②。

20 世纪末，西方对中国的政治形势普遍持悲观态度，观察家们认为：

---

① David Shambaugh, “Preface”, in David Shambaugh, ed., *Is China Unstable? Assessing the Factors* (M. E. Sharpe, Armonk, New York, London, England, 2000), p. x.

② Martin King Whyte, “Chinese Social Trends: Stability or Chaos?”, in Shambaugh, ed., *Is China Unstable?*, p. 160.

1989年政治风波后，中国在20世纪90年代并未出现明显改善。邓小平虽然维护了中国共产党的统治地位和国家的统一，但他的离去也留下了一个危险的空洞。

“中国威胁论”？

20世纪五六十年代，“中国威胁论”曾在西方风靡一时，但基辛格和尼克松访华所带来的最明显的副效应就是这一论调的迅速降温。与中国协商的态度意味着西方开始不再视中国为忧虑和威胁，转而采取接触政策。但这一论调在1972年后并未完全绝迹，虽退出了主流舞台却为右翼势力所用。例如，当1976年9月毛泽东逝世时，澳大利亚联邦议会提出了一项吊唁的动议，几位右翼顽固分子在默哀期间走出会场以示抗议，原因之一就在于他们坚信中国仍然是一个威胁。①

中国的对外开放政策吸引了大量西方贸易和投资，同时也是对“中国威胁论”的有力回击。因此，在20世纪80年代，这一观点几近销声匿迹。但是，1989年政治风波的发生让形势又变得错综复杂。

20世纪90年代发生的其他一些事件也为冷战遗老们所利用。其中一个具有长期影响力的事件便是1991年的苏联解体。一直以来，美国庞大的军费开支就是其经济的重要组成部分，苏联解体后，美国必须寻找一个新的假想敌来作为其维系大量军费投入的借口。这时的中国，木秀于林，风必摧之。1989年政治风波过后，中国并没有走上美国式的自由民主道路，但却在90年代不断崛起。根据“权力更迭理论”②，一个新生的势力必将威胁甚至抗衡老旧势力，这也就给了美国更多的口实。许多西方人士疑虑，在中国，狭隘的民族主义是否将取代看似不再重要的马克思主义，或取代他们竭尽全力也

① See Edmund S. K. Fung and Colin Mackerras, *From Fear to Friendship, Australia's Policies towards the people Republic of China, 1966 - 1982* (University of Queensland Press, London, New York, St Lucia, 1985), pp. 212 - 213.

② See the discussion in Edward Friedman, "Power Transition Theory, A challenge to the Peaceful Rise of World Power China", in Herbert S. Yee, ed., *China's Rise—Threat or Opportunity?* (Routledge, London and New York, 2011), p. 11.

未能带到中国的民主主义。

与中国密切相关的另一组事件有关台湾问题。中国政府一再重申其立场，即台湾是中国不可分割的一个部分，中国政府希望用和平的方式实现国家统一，但也不排除使用武力来防止台湾“独立”。但是在1995—1996年，中美双方仍就台湾问题产生了一系列的分歧，尤其是针对台湾地区领导人李登辉的举动。面对美国方面的外交挑衅，中国做出强力回击，在东海发射了导弹。美国指责中国这一举动是“不计后果的挑衅”，并向台湾地区派出航母战斗群作为驰援，其中一艘航母名为“独立号”更是弦外有音。[①] 值得注意的是，就在这场危机发生的同时，李登辉取得了台湾地区第一次“总统选举”（1996年）的胜利。在2000年的第二次选举中，民进党党魁陈水扁获胜，而民进党也是一个公开谋求台湾“独立”的政党。

对于中国来说，与美国关于台湾问题争端的核心在于维护领土主权的完整和国家的统一。但许多西方人士却认为，中国向他们所认为的“公海”领域投射导弹是极具威胁性的行为。此外，台湾地区似乎已经站在了民主阵营的一边，这也证明了中华文化能够与民主制度相融共生。因此西方的观点更倾向于支持弱小、民主的台湾地区，而不是强大、集权的中国大陆。

1997年见证了反华论调的一个高潮，特别是将崛起的中国视为巨大的威胁。在相关书籍中，最为重要的一本可能就是由著名记者理查德·博恩斯坦（Richard Bernstein）和罗斯·穆罗（Ross Munro）合著的《即将到来的中美冲突》（*The Coming Conflict with China*）。书中预测，台湾地区的冲突将最终于2004年爆发，由于台湾地区“政府”在竞选活动中处死了三名亲大陆的示威者，大陆将对台湾地区的机场和武装基地实施封锁和空中袭击。鉴于这一形势，美国必然介入其中；如若不然，中国将轻易取得东亚地区的霸权地位，而这恰与美国国家利益相违背。该书的中心思想就在于指责中国是一个具有威胁性和侵略性的国家，如果美国不对中国采取更为强硬的措施，战争将不可避免。“如果中国持续挑衅而美国一再退让，两国之间潜在的冲突将

① See also Lampton, *Same Bed*, *Different Dreams*, p. 53.

最终导致军事对抗。"[1] 事实上，所谓的潜在冲突必将是围绕台湾问题，也就意味着这个岛屿有可能成为战争导火索。

当我们在2012年回顾这一时期时便可以了解，八年过去，那场假想的战争并未爆发。这本书现在看来也不过是恐怖的臆断空想而非严肃的新闻作品，但其意图却并非孤掌独鸣，一些其他书籍也表达出了近似的态度，而且这些声音不仅来自于美国的右翼党派，也来自于左翼。

向来亲民主党的《新共和》杂志由邓小平离世引申开来，发表了一系列极端反华的文章。杂志编辑危言耸听地断定，甚至是歇斯底里地指责中国具有军国主义和霸权主义的野心，并敦促克林顿与中国进行对抗。其中，一篇文章这样写道：

> 从战略上看，中国已经开始了大规模的军事扩张。它拒绝参与国际社会的裁军努力，反而走上了穷兵黩武的道路。几十年后，它必将成为这个世界上的另一超级大国，而整个亚洲都笼罩在这一可能性的阴影中……
>
> 有鉴于中国在亚洲寻求武力霸权的决心，其对军事技术的恶意散播，以及它对人权的全面违背，美国必须对中国进行遏制，这关系到我们的国家的利益和价值观。这种遏制也是接触的一种形式。[2]

记者奈哲尔·霍洛威（Nigel Holloway）曾指出，所谓的中国霸权形象"更多地源自于美国国内政治而并非中国的局势"。他认为美国媒体的报道对这些形象的形成难辞其咎：美国媒体称，1996年中国驻美大使馆向民主党提供了竞选资金，而中国大使馆则严词斥责这一指控为无稽之谈。霍洛威还指出了另一影响更广却相当微妙的政治联系：克林顿的批评者们认为，他的对华政策不过是"削弱自己影响力的手段，从而阻止副总统阿尔·戈尔赢得

---

① Richard Bernstein, and Ross H. Munro, *The Coming Conflict with China* (Alfred A. Knopf, New York, 1997), p. 3.

② Anonymous, Editorial, "Destructive Engagement", *The New Republic*, vol. 216, no. 10 (10 March 1997), p. 9.

2000 年大选"[1]。事实证明戈尔确实以微弱的劣势败于乔治·W·布什。我赞同霍洛威的观点，这一系列怀有极度偏见的反华报告不过是另一个例证，证明了形象与政治的密不可分。

所幸的是，并非所有西方国家都像美国那样深受这种趋势的影响。在欧洲，1995—1996 年的“台海危机”等事件并未“在旧大陆上为‘中国威胁’综合征提供温床"[2]。在澳大利亚，尽管“中国威胁论”在 20 世纪 90 年代略有回温，但却更为温和，影响有限，言辞也远不如美国那般激烈。约翰·霍华德在 1996 年当选为澳大利亚总理并组建了保守党政府。在他执政的第一年发生了一系列损害中澳双边关系的纠纷，但随后中澳关系得到了迅猛发展。中国形象也一直相对正面，无论是普通民众还是政府官员都将中国视为机遇而非威胁。1997 年第一任澳大利亚驻华大使斯蒂芬·菲茨杰拉德博士在其著作中表明了对中国和中国人民非常积极的态度。[3]

个人经历与印象

自 1966 年离开中国，直到 1972 年底中澳建立外交关系后，我才于 1973 年作为澳大利亚国立大学代表团的成员重访中国。1977 年初，带领着我在格里菲斯大学的学生，我又一次来到了这里。自此以后，我几乎每年（除 1984 年外）都会访问中国，通常是一年多次。在本章所讨论的时间段中，我的访华旅程大都较为短暂，一般停留两到三周，目的多为旅游、调研、出席会议或是代表格里菲斯大学访学。其中也有几次较长的行程。1982 年，我曾在当

---

① Nigel Holloway, “Making an Enemy, Hawks in the United States are Pressing for ‘Adversarial Engagement’ with China and Their Views Could be Gaining Sympathy in Washington”, *Far Eastern Economic Review*, vol. 160, no. 12 (20 March 1997), p. 15.

② Jean-Pierre Cabestan, “European Perspectives on China's Rise”, in Yee, ed., *China's Rise*, p. 82.

③ Stephen FitzGerald, *Is Australia an Asian Country? Can Australia Survive in an East Asian Future* (Allen & Unwin, Sydney, 1997), especially pp. 146 - 149.

时的中央民族学院进行过为期几个月的访学，这是我针对中国少数民族的第一次访问研究。但是在20世纪80年代，我的研究课题仍然主要是中国戏剧，对中国的访问有利于我了解中国的文化动态。1986年上半年，我再次受聘于北京外国语学院，并开始讲授有关中国的西方形象的课程。随后，我就这一话题出版了一本著作，其蓝本便源自于这门课程的相关资料。①

在20世纪70和80年代的访问中，有几点令我印象颇深。

第一点就是中国人民所展现的蓬勃生气。尽管依旧以国家之务为己任，但与60年代相比，人们明显更关注家庭和个人。

第二点则是艺术变得更加自由、多元和鲜活。从事艺术创作的人们似乎也冲破了意识形态的束缚，不再循规蹈矩，而是渴望创造出吸引目标读者和观众的作品。他们对于金钱的渴求也远甚于60年代。

第三点，尽管许多传统回归，但人们对于时尚的追求却是显而易见的。对于时尚潮流的兴起和消费社会的到来，人们乐见其成。让我颇为惊讶的还有他们迅速摈弃了革命思维模式，无穷尽的政治斗争结束了，社会中弥漫着轻松的气氛。

第四点是西方元素在中国的壮大。这既表现在年青一代的品位和生活方式上，也表现在中国境内外国人员的数量上，无论是游客、学者还是记者，人数都上升了不少。这种强大还表现在国际事务中对西方的观点态度的认可上。越来越多的学生热衷于去西方国家，特别是美国留学，而他们中的很多人最终留在了那边。

就我个人经历而言，我从1974年起在布里斯班新成立的格里菲斯大学现代亚洲研究学院任职。除了从事有关中国问题的教学和研究外，我还积极致力于推进在澳大利亚的学校开设亚洲研究课程。在我看来，这是澳大利亚接触亚洲的重要方式。由于我个人的经验和兴趣，我特别关注在澳大利亚的学校推广中国语言、历史和文化的学习。当时，在学校层面推广亚洲研究的努

① Colin Mackerras, *Western Images of China* (Oxford University Press, Hong Kong, 1989).

力，无论是在澳大利亚还是在其他西方国家都略显薄弱。

1988年，我向澳大利亚广播公司提议拍摄一部20集（每集30分钟）的电视教学节目，以帮助中学生学习汉语和了解中国的生活和文化。同年，这一项目获得了联邦政府下属亚洲研究协会的批准并由澳大利亚广播公司拨款开始制作。节目由我担任主持人，中文脚本则由我的一位同事和我们两人的夫人共同完成，节目的形式主要是对话和短剧。① 我们获得了中国中央电视台的大力支持，并于1988年下半年在北京进行了几周的拍摄，完成了节目的上半部分。

我们原本计划在1989年下半年重返北京以完成节目的拍摄，但政治风波的发生使这件事情产生了不确定性。当时西方对中国的人权状况展开了激烈的争辩，对于一家西方广播公司是否应当与中国官方电视台进行合作也是意见不一。澳大利亚广播公司和其他部门的一些人员不愿意继续执行这一计划，提出推迟甚至是取消第二次访问。我个人则认为，学校的汉语教学和有关中国生活文化的展示是一个非常重要的项目，不应被政治考量所干扰。我强烈建议立刻出发拍摄，而与我们合作的中国中央电视台工作人员也热切地想要继续这一项目。我认为与中方的合作非常愉快，也高度认可他们的专业、高效和热情。

最终，我们得以在1989年来到中国并完成了拍摄，这次访问是非常成功和愉快的。我们按计划完成了制作，该系列节目在1991年5月至7月以每周一集的进度登上了电视荧屏。1994年，它又以自主学习的形式，成为了澳大利亚中文课程的一部分。这一节目并没有因为政治形势的变化失去它的意义，反而在几十年间被反复播出。并且据我所知，中国中央电视台并未基于政治原因提出对节目的修改要求。

回首过往，我依然相信当初继续完成节目的决定是正确的。它的确对澳大利亚有关中国语言、文化、生活的教学有所贡献。如若推迟，也许可以让

---

① Colin Mackerras，Peter Chang，Yu Hsiu-ching and Alyce Mackerras，*Dragon's Tongue：Communicating in Chinese*，2 vols.（Australian Broadcasting Corporation，Sydney 1990 - 1991，republished in one volume 1993）.

我们沾沾自喜于自我的道德优越感，但却会阻碍澳大利亚的学校的中国研究且会无辜辱及我们的中国同行。我至今仍然认为与他们合作是一种荣幸。

20世纪90年代后期我对中国的访问大都涉及有关中国少数民族的研究。在此我想提出两点。第一，尽管当时在中国，政治气氛相对于80年代显得较为压抑，但人们仍充满着对现代化甚至是西方生活方式的向往和激情。人们的生活水平不断提高，其速度令人惊叹甚至是咋舌。第二，在我看来，中国绝没有危险的民族主义倾向，更不会因此成为对邻国和世界的威胁。中国人民痛恨战争，无论是同美国还是其他国家地区。所幸的是，这一切都并未发生。

小　结

纪思道（Nicholas Kristof）和伍洁芳（Sheryl WuDunn）这对夫妻一生收获甚丰。他们在1989年和20世纪90年代曾担任《纽约时报》驻北京的记者。两人曾获普利策新闻奖，这是普利策奖有史以来第一次为夫妻所得。他们两人曾对中国持批判的态度，在离开中国后曾写过一本书，书中描绘的中国形象十分阴暗。尽管如此，在书的结尾处，有这样一段关于20世纪90年代在中国生活的简短总结，显得很是光明，也让我觉得甚是贴切和动容：

> 在美国民主权利的斗争中，令人崇敬的马丁·路德·金曾讲述过一位年迈的黑人女性的祈祷，她说："主啊，我不是我想要成为的自我。"马丁·路德·金引用她的话并继续说："我不是我应当成为的那个自我，但感谢万能的主，我不是过去曾经的那个自我。"这一段祈祷也许会让每一个活着的中国人有所感悟，产生共鸣。①

的确，中国曾经，甚至现在也依旧有着许多不足之处。事实上她的人民

① Nicholas D. Kristof and Sheryl WuDunn, *China Wakes, The Struggle for the Soul of a Rising Power* (Vintage Books, Random House, New York, 1995), p. 455.

都企盼国家能够更加强盛并且为之努力。但对于几乎所有的中国人来说，生活不单单是更好了，而是远胜于从前了。

本章所涵盖的是 20 世纪 70 年代早期到 21 世纪伊始的中国的西方形象。仅从本章，读者也许对中国的改变并无深刻感触。但西方一些极富洞察力的观察家已经察觉到了这一悄然发生的变化，上述的引文就是其中的一个代表。甚至在西方还存在着一些过度积极的形象，如 20 世纪 70 年代，毛泽东成为了很多西方年轻人的偶像。但是还有很多形象在我看来依然是有失公允、吹毛求疵的，它们反复强调中国的薄弱之处甚至无中生有。《新共和》在 1977 年关于“中国威胁”的评论就是一个很好的例证。

在这种偏见的背后有许多原因，在其他章节和结论中我还将进一步讨论。对于本章中的形象，我认为最主要的原因依旧是政治，特别是美国的国内政治。简言之，本章所涵盖的诸多中国形象更多的是缘于美国的对抗政治需求而并不是中国的现实情况。许多美国人想当然地将对华政策和中国形象当做美国两党竞争大棋局的马前卒。面对这一政治现实，有人视之为常态无动于衷，也有人抚额长叹无可奈何，奈何局外人大都无力撼动美国的政治现实。

第五章

21 世纪中国的政治和整体西方形象

本章主要论述分析中国自 2001 年以来的政治及其整体的西方形象。这些形象既涉及外交关系，也涉及对未来的期许。本章并未涵盖个人观感，但后文将继续包含这一部分。

自 2001 年以来，有关中国的西方形象中最为突出的一点就是国家的迅速崛起，且在国际上展现了日益显著的影响力和重要性。但是，中国仍然是一个社会主义国家，政治体制与西方的政治体制截然不同，在人权问题上备受诟病，羽翼渐丰的国力也意味着它拥有了挑战西方霸权地位的可能性和潜在意愿。中国崛起的标志是经济的高速增长，这一点及其所带来的影响将分章另述。

在 21 世纪的第一个 10 年中，中国的西方形象在总体上要优于 20 世纪 90 年代。这毫无疑问得益于中国渐长的实力和对世界发展所拥有的前所未有的影响力，这不仅是在亚洲、非洲和拉丁美洲的大部分，甚至还包含欧洲。在解决一些全球性事务方面，中国也起到了积极的作用。但是对于中国的成就，西方国家却吝于肯定，仍然固守着残存的自我暗示，认为西方文明在道德、社会、经济、政治等方面都要优于其他文明，尤其是中华文明。

中国的西方形象自 2001 年以来并非全然一致，在不同的国家亦有所不同。其间一些特定事件的发生让中国成为了世界关注的焦点，其中最为重要的也许就是 2008 年 8 月的北京奥运会。但这一时期并未发生如 1971 年、1972 年基辛格、尼克松访华或 1989 年政治风波那样对中国形象产生剧烈影响的事件。2008 年对中国的形象略有推动作用，具体原因将在本章详细阐述。

背景环境

本章从“9·11”事件申发开来进行讨论。“9·11”事件虽然发生在美国，却具有广泛的国际影响力和深刻的全球意义。这场恐怖袭击据信是由本·拉登和基地组织策划的，他们组织宗教激进派信徒劫持飞机并撞击位于纽约的世贸中心大楼，最终导致了双塔倒塌和约3 000人的身亡。

中国并未涉及这一事件，但它对中国及其形象却有着重要意义。首先在于自此事件后，西方国家特别是美国的绝大部分注意力都转向了宗教激进派的恐怖袭击，因而对东亚和中国的钳制有所减弱。此外，在这场“反恐”战争中，从国际战略力量平衡的宏观大图景来看，美、欧、中、俄携手一致，并肩抵抗。这一局势持续了一年有余。

但这种协同统一却因为2003年英美联军入侵伊拉克而被打破。中俄对这一行动持反对态度，而英美联军给出的理由则是伊拉克总统萨达姆·侯赛因握有大规模杀伤性武器。当时绝大部分人都视这一指控为子虚乌有，随后的事实也证明了这确实是“欲加之罪，何患无辞”，但英美联军很快就推翻了萨达姆的政权，迫使后者躲避逃亡，并很快被抓捕、审讯并处决。硝烟散去后冲突却并未结束，直到2011年末美军才全部撤出伊拉克。

同样是在2011年，美国突击队成功地在巴基斯坦境内击毙了本·拉登。这一次并没有拘捕或审讯，而是采用突袭的方式实施了直接的定点清除。同年晚些时候，奥巴马出访东亚和澳大利亚，明确指出美国无意退出亚洲，而是会在这里继续经营。他似乎意指，在与宗教激进派的斗争取得胜利后，美国必将把注意力转移回东亚，尤其是用以制衡中国的崛起。

21世纪另一个广为世界关注的焦点就是环境问题，具体说就是主流科学家所提出的气候变化问题。这意味着除非我们立刻采取改善性的应对措施，否则全球变暖及生态环境的恶化将导致经济增长的可持续性和地球环境的宜居性最终成为泡影。21世纪已经见证了世界各地频发的自然灾害，如2004年的印度洋海啸和2012年3月的日本大地震，此外旱涝灾害在世界各地也不断发生，并导致了粮食的减产和国际粮价的飙升。这对于许多地区，尤其是非洲的贫困人群来说是灾难性的打击。在有关全球环境的国际会议中，2009年底在哥本哈根召开的联合国气候变化大会对中国西方形象的影响格外明显。

另一个具有重要意义的国际事件是全球“金融海啸”。它始于2008年，波及世界绝大部分地区，特别是主要的西方国家。有关中国环境和金融方面的形象将在其他章节再行论述。

同时许多国家都出现了政治上的动荡。就像前独联体国家一样，在那里，“颜色革命”引起了政治性，甚至是类民主的变革运动。2011 年，在北非和中东地区爆发了大规模的游行示威和政治动荡，这些运动要求实现政治体制的变革，有着明确的政治诉求。2011 年 1 月，火星首先在突尼斯点燃，“茉莉花革命”迅速颠覆了长期执政的政权。随后在埃及也发生了广泛的游行示威活动，迫于压力，执掌该国达 30 年之久的总统胡斯尼·穆巴拉克黯然下台。在利比亚，原本是针对卡扎菲上校独裁统治的内战由于国际社会的介入，特别是西方国家的介入而不断升级，自 1969 年起掌权的统治者卡扎菲最终在 2011 年 10 月被击败并死亡。

就政体的稳定性而言，中国与这些国家形成了鲜明的对比。2002 年起胡锦涛担任中国共产党总书记，温家宝就任国务院总理，二人皆是按照中国宪法的相关章程当选。此外，中国的发展不断持续，无论是在本地区还是在全世界，影响力都得以提升。2008 年，中国北京首次举办了奥林匹克运动会，这是中国在世界舞台上前行的重要一步，不仅仅是在体育方面，更是在整体上。但是面对全球环境问题，中国也无力独善其身。2008 年 5 月的汶川大地震夺去了成千上万人的生命。2008 年 3 月，中国西藏拉萨发生了“3·14”打砸抢烧严重暴力犯罪事件。类似事件于 2009 年 7 月在中国新疆地区再次发生。

形象的构建

互联网早已存在，但直到 21 世纪的第一个 10 年，它才真正成为形象构建中的最为重要的媒介，包括中国西方形象的构建。互联网既是形象的塑造者也是表现者，换言之，人们既通过互联网被动地接受形象也通过互联网主动地创造形象。西方对于中国互联网运营管理的看法我们将在后文叙述，这里，我将主要讨论互联网是如何塑造和代表中国的西方形象的。

如本书“绪论”中所提及，互联网并非独立存在，它已经成为了其他媒体发行最为重要的手段和渠道。报纸和电视节目都可以在互联网上轻松获取，这也就意味着这两大传统主流媒体所塑造的形象通过互联网传播得更为广泛。报纸行业也开始意识到，由于互联网免费特性的冲击，只提供纸质印刷版本的做法将难以为继，也就是说，相较于前互联网时代，报业的竞争将更加激烈。此外，博客的兴起和并不具备专业知识的普通看客对新闻的自由评论也具有重要意义。

尽管互联网是一个世界性现象，但是在21世纪初，它在发达国家的兴盛更为突出。从1997年到2007年，发达国家的互联网用户比例由10%左右上升至60%强，而这一数据在世界范围内仅为2%～10%。若以使用率而非接驳率来论，年轻族群的比例要明显高于整体人口。此外，还应注意互联网的主要语言为英语。[①] 这些事实都足以说明互联网对中国西方形象的重要意义。

除去互联网的主导地位，21世纪的中国西方形象构建与20世纪90年代基本相同，但有两点值得提出：一是旅游业的作用；二是中国人民自身对国家形象的贡献。

21世纪，中国成为了全球热点旅游目的地。据世界旅游组织预测，到2020年中国将成为世界最大的旅游目的地国家，游客数量将达到1.37亿。[②] 这些游客将主要来自于邻近的亚洲国家，但这项研究更为关注的却是欧洲国家。表5—1显示出，自1995年至2010年，欧洲、北美洲和大洋洲前往中国的游客数量大幅增加。

---

① Wikipedia，“Internet”，at http：//en. wikipedia. org/wiki/Internet.

② The Nielsen Company，“China Becomes a More Compelling International Tourist Destination. Thanks to Olympic Games. International Audiences & Visitors Agree：Beijing Passed with Flying Colours”，11 September 2008，http：//cn. en. nielsen. com/site/9. 11-en. shtml.

表 5—1　1995—2010 年欧洲、北美洲和大洋洲前往中国的游客数量（人次）

年份 来源地	1995	2000	2005	2010
欧洲	1 590 600	2 489 000	4 784 900	5 687 800
北美洲	643 600	1 132 800	1 985 300	2 699 400
大洋洲	158 500	281 800	573 600	789 300

资料来源：1995 年、2000 年、2005 年数据来自于中国国家统计局：《中国统计年鉴》，775 页，北京，中国统计出版社，2006。2010 年数据来自于中华人民共和国国家旅游局：《2010 年 1—12 月来华旅游入境人数》，见 http：//www.cnta.gov.cn/html/2011-1/2011-1-19-8-51-57548.html。

这些游客中的许多人以团队形式出游，也有为数不少的背包客。总体来说，年龄稍长的人群倾向于参团游览，选择更为舒适的酒店，花费也更高；而背包客则更具有挑战精神，天南海北四处闯荡，所到地域也更加广泛。

总体上来看，游客并不像记者那样勤于写作，但他们也是重要的形象塑造者。他们将各自的经历讲述给亲属和朋友，且由于他们处于度假中，所获得的感受相较于学者和记者也更为正面和积极。

还有一些来自西方的游客，他们实际上是定居在西方国家的华人，以游客的身份重游祖国。这就引出了有关 21 世纪中国形象的另外一点，即中国和中国人在其中发挥了日益重要的作用。这一点除反映在海外华人归国游览方面，还以其他的形式表现出来。

在西方国家的大学和机构工作生活的中国学者数量迅速增加。对于祖国，他们并非都怀有友善之情，在本章中我们便会看到一些有关中国最为负面的形象就来自于定居在西方国家的中国学者。此外参加西方国家所举办的中国论坛或为各种各样的西方渠道撰文的中国学者的数量在不断增加。同时，西方记者就各自所关心的事件和发展也经常采访中国的学者和专家，听取他们的观点意见。从整体来看，中国人自己，无论身处何处，都参与到了中国形象的塑造中。相较于 21 世纪之前，这一改变尤为突出，且有继续加深的趋势。

中国的崛起

国际社会普遍认同中国在过去的几十年中快速崛起，其中的推动力当属高速发展的经济，但这种崛起却是全方位的。今日中国在国际社会上享有的地位与改革初期相比可谓是天壤之别，即使是相较于世界其他力量而言，中国的崛起速度也是惊人的。

中国的崛起势如破竹，难以控制，阻止更是妄谈。对于西方国家来说，唯有试图经营，使之朝着对自己有利的方向发展。西方国家，尤其是美国，可以通过与中国接触来影响它。在美国，对华政策常常是选战争论的焦点。但是到了 21 世纪，各个国家的形势则不尽相同：尽管在澳大利亚，陆克文对中国的了解和对中文的掌握对于他在 2007 年当选为总理是一个助力，但应该不是最重要的一个。不过，对华政策一直是西方国家政治争论的一个焦点，包括如何应对一个崛起的中国。

一项主要依据于大量调查的研究分析了美国公众对中国的态度，并指出，公众观点与政府层面的争论并不一致。相较于政府官员，美国公众对中美关系持更温和的态度，对“中国威胁论”也更为淡漠。这项研究总结认为：“大约 2/3 的美国人更倾向于与中国合作并和平接洽，而非积极阻挠中国的崛起”①。

中国的崛起影响了绝大部分的中国西方形象。我们在后文还将详述，特别是关于经济方面，同时也会涉及社会文化事务，包括国家的“软实力”。在此，我仅就与政治和国际关系方面有关的话题进行论述。

---

① Benjamin I. Page and Tao Xie, *Living with the Dragon*, *How the American Public Views the Rise of China* (Columbia University Press, New York, 2010), p. 67.

中国作为潜在威胁

在21世纪，中国正逐渐成为西方的威胁这一形象占据了主导地位，并且在学术作品、国家政策、公众观点中都有所体现。这一观点在美国最为盛行，在世界其他地区也有所彰显，这既是源于经济原因也是出于安全考量。

2001年，芝加哥大学教授约翰·米尔斯海默（John J. Mearsheimer）出版了一本极具影响力的作品——《大国政治的悲剧》（*The Tragedy of Great Power Politics*）。在书中，他提出了"进攻性现实主义"[①]这一理论，并指出"国家必然会追求权力最大化，因为这才是最有效的生存战略"。因此，成长中的国家不可避免地会对已处于统治地位的国家形成威胁，特别是当文化背景迥异时，战争更易爆发。所以该书作者在书名中以"悲剧"一词来描述大国政治。

当然这一理论并不利于中国形象，因为据此理论，中国实现国富民强之时必将成为另外一个霸权力量并威胁到美国的利益。这"并不是因为富裕的中国就会有不良动机，而是对于任何一个国家来说，使其生存概率最大化的最好方法就是成为地区霸主"[②]。米尔斯海默认为美国对华保持建设性接触的政策是建筑在中国是一个"维护现状国家"这一假设之上的，即认为中国是一个不期望改变现存秩序的国家。如果中国是这样一个国家，它理当是自由民主的，也就必然不会威胁到美国，但他认为实际情况并非如此，所以他坚决反对美国的对华政策，认为它"注定失败"[③]。他主张美国应当尽力阻止中国的富强。早在2001年时他就指出，当时的中国还不够富裕，不过是潜在的

---

① John J. Mearsheimer, *The Tragedy of Great Power Politics* (Norton, New York, 2001), p. xii.

② John J. Mearsheimer, "The Future of the American Pacifier", *Foreign Affairs*, vol. 80, no. 5 (September-October 2001), p. 58.

③ Mearsheimer, *The Tragedy of Great Power Politics*, p. 4.

威胁，因此他相信“美国就此反转航线，尽力阻挠中国的崛起，犹未晚矣”①。

另外一篇重要的学术文章来自于哈佛大学的江忆恩（Alastair Iain Johnston）。他认为中国确实是一个维护现状的国家，因此并不会挑战美国的统治地位。与米尔斯海默相反，他认为“中华人民共和国越来越多地融入国际社会并积极参与国际机构的合作”，换言之，中国正努力适应现状而非改变现状。② 他认为中国领导人无疑希望增强国家实力，但他们并不会以危及现存秩序的方式进行，无论是潜在的还是实际的。美国的反应应当审慎，但绝不应当抑制或阻碍中国的经济增长。

10年后，中国经济已迅速腾飞，米尔斯海默对于自己的观点也越发笃定。他对著名学者、他的支持者罗伯特·卡普兰（Robert Kaplan）说：

> 一个日益强大的中国将有可能将美国逐出亚洲，就如同当年美国将欧洲势力逐出西半球一样。我们凭什么期盼中国会与美国有所不同呢？难道他们比我们更遵守秩序？更具有道德？还是他们没有那么强烈的民族主义？③

当然也有许多人出于不同的原因反对他这一观点，其中最重要的一点也许就是“仅仅是其国内发展的规模就足以牵制中国，使其无暇顾及外部扩张或是危及他国”④。但这里所强调的是能力而非意愿。也许西方专家应当更加重视中国自己的理论，即和平崛起与和谐社会。

与“中国威胁论”相关的具体事宜

在了解了理论争辩后，我们不妨来看看与“中国威胁论”相关的具体话

① Mearsheimer, “The Future of the American Pacifier”, *Foreign Affairs*, vol. 80, no. 5 (September-October 2001), p. 60.

② Alastair Iain Johnston, “Is China a Status Quo Power?”, *International Security*, vol. 27, no. 4 (Spring 2003), p. 49.

③ Robert D. Kaplan, “Why John J. Mearsheimer is Right (About Some Things)”, *The Atlantic*, January/February 2012, web version at http://www.theatlantic.com/magazine/archive/2012/01/why-john-j-mearsheimer-is-right-about-some-things/8839/, p. 2.

④ Michael Elliott, “China Takes on the World”, *Time*, 11 January 2007, web version at http://www.time.com/time/magazine/article/0, 9171, 1576831, 00.html, p. 8.

题。一位学者曾指出，在国家安全范畴里，那些宣扬“中国威胁论”的人士更为关注的是“中国不放弃使用武力实现两岸统一的主张、不负责任的军火销售、对争端领土主权的主张、军备的扩张以及缺乏透明度”①。

在21世纪第一个10年里，军备扩张问题引起了一些关注。从各国政策来看，相较于欧洲和澳大利亚，美国对这一问题格外警觉。2005年，美国国防部向国会提交了一份报告，声称中国在军备上的花费过多，已超过了实际需要。这份报告还做出悲观的预测：“随着中国军力的强大，中国领导人将更快倾向于诉诸武力或高压政策，以期实现外交优势、推动安全利益、解决国际争端。”② 同年6月，美国国防部长唐纳德·拉姆斯菲尔德（Donald H. Rumsfeld）在新加坡再次提及此事并评论说：“既然没有国家威胁到中国，我们不免疑虑，它不断增长的军费开支到底所为何事。”③ 当然，从中国的角度来看，威胁恰恰来自于美国，因此它需要更为强大的防御能力，但拉姆斯菲尔德从未意识到这一可能性。

与此同时，尽管面对美国强硬而有效的阻止，欧盟依然试图解除自1989年政治风波以来对中国实施的武器禁运。这说明，在潜在的“中国威胁”这一问题上，欧盟与美国的态度大相径庭。澳大利亚也不再追随美国的步伐。尽管当时澳大利亚由极度亲美且相对保守的约翰·霍华德执政，但“中国威胁论”并未复苏。澳大利亚参议院委员会在2006年3月的一份报告中指出，与2005年美国国防部向国会提交的报告相比，“总体上来看，委员会掌握的证据所指向的结论并不那么令人担忧”④。澳大利亚前任国防部长罗伯特·希

① Yong Deng, *China's Struggle for Status, The Realignment of International Relations* (Cambridge University Press, Cambridge, New York, 2008), p. 105.

② United States of America, Department of Defense, *Annual Report to Congress: The Military Power of the People's Republic of China* 2005 (Office of the Secretary of Defense, Washington, 2005), p. 14.

③ International Institute for Strategic Studies, "Remarks as Delivered by Secretary of Defense Donald H. Rumsfeld, Shangri-La Hotel, Singapore, Saturday, June 4, 2005", http://www.defenselink.mil/speeches/2005/sp20050604-secdef1561.html.

④ The Senate Foreign Affairs, Defence and Trade References Committee, *China's Emergence: Implications for Australia* (Senate Printing Unit, Parliament House, Canberra, 2006), p. 91.

尔（Robert Hill）曾说过：“我们理当认同中国对其军队进行现代化改革的权力。随着经济的增长，中国在国际上承担着更为积极的角色，毫无疑问它会希望改善自己的防御能力。”① 大部分向委员会提供参考意见的人士也表示，他们并不对“中国威胁”感到忧虑。

2011年，基辛格发表新作《论中国》。他在书中主要谈到了历史事件和自身的经历，但并未对美国对华政策开出药方。书中显示出对中国非常正面的态度，也丝毫未流露出对中国的崛起的恐惧之心。基辛格特别关注中美之间的合作。书中的最后一段这样写道：

> 当周恩来总理和我决定就秘密访华（1971年基辛格）发表公报时，他说：“这将震撼世界。”四十年后，当中美携手努力共建世界，而非震撼世界时，才是真正的高潮。②

但是，美国官方层面的态度与基辛格却有所不同。2011年11月，贝拉克·奥巴马出访亚太地区，并在澳大利亚宣布将向达尔文港派遣2 500名驻军。正如BBC所说，中西双方的评论员都将此举动看做“对抗中国不断增长的影响力的一步”③。虽然奥巴马声称中国是美国新太平洋战略的一部分，但BBC对此的解读则截然不同。BBC外交通讯员乔纳森·马库斯（Jonathan Marcus）在同一个新闻报道中评论说，尽管中国是澳大利亚最大的贸易伙伴，“但中国强大的军事打击能力至少是对于未来的一个潜在威胁”④。在2011年，澳大利亚对于威胁的感知力相较于以往似乎也更为强烈。

在欧洲，“中国威胁论”并没有复苏的迹象。2012年德国总理安格拉·默克尔访问中国，她的主要目的是寻求中国在欧洲严重的经济危机问题上的帮助。她明确表示她并未将中国看做任何形式的威胁。

---

① The Senate Foreign Affairs, Defence and Trade References Committee, *China's Emergence: Implications for Australia* (Senate Printing Unit, Parliament House, Canberra, 2006), p. 93.

② Henry Kissinger, *On China* (The Penguin Press, New York, 2011), p. 530.

③ "Obama visit: Australia Agrees US Marine Deployment Plan", BBC News Asia, 16 November 2011, web version at http://www.bbc.co.uk/news/world-asia-15739995.

④ Jonathan Marcus, "Analysis", 16 November 2011, BBC News Asia, http://www.bbc.co.uk/news/world-asia-15739995.

正如前文所提及，“中国威胁”这一西方形象的另一源头来自于台湾问题。西方世界担心，一旦台湾地区宣布“独立”，中国大陆将断然采取军事措施。尽管绝大部分的政府都接受“一个中国”的原则，但许多西方人士依然认为，无论是出于何种意愿或目的，对台湾地区的武力打击都构成了对世界和平的威胁，因此武力实现两岸统一将证明中国确实是一个威胁。

总体上来看，这一恐惧在2000—2008年陈水扁“执政”期间最为盛行，因为他所领导的民进党一向主张“台独”。但在2008年的“大选”中，陈水扁败北，国民党主席马英九当选，之后这一论调逐渐偃旗息鼓。在2008年“大选”期间，陈水扁试图推动“公投绑大选”，蓄意谋求以“台湾”而非“中华民国”的名义作为一个“国家”加入联合国。美国对此公开表示反对并成功地阻止了“公投”的通过。2012年马英九再度当选，英美等国对此都表示欣慰。

台湾地区在西方一直有着较好的形象。一项2006年7月的调查显示，至少61%的美国民众认为台湾地区是美国友善且近密的“盟友”。[①] 但是多项调查均显示，无论是美国还是澳大利亚，民众都不希望台湾问题阻碍它们与中国的关系。对于倘若中国采取武力手段阻止台湾地区寻求“独立”，美国是否应当支持台湾地区这一问题，美国民众表现出了一贯且较为强烈的反对。佐格比（Zogby）在2007年8月20日至9月4日进行民意调查，询问如果台湾地区宣布“独立”并引发武装冲突，美国是否应当站在台湾地区的一边，有32%的受访民众表示“是”，而60%的民众表示“否”，其余则表示尚不确定。[②]

在澳大利亚，罗伊研究所（Lowy Institute）是一个位于悉尼的独立智囊机构，它的目的在于从澳大利亚的角度研究国际事务，并对国际问题的公

① Program on International Policy Attitudes (PIPA), “China-August 2008 (PDF)”, *Americans and the World*, web source at http://www.americans-world.org/PDF/china_data_update-8_2008.pdf, p. 34.

② Program on International Policy Attitudes (PIPA), “China-August 2008 (PDF)”, p. 34. See also Page and Xie, *Live with the Dragon*, p. 63.

众态度，包括中国问题，进行规律性的调研。这个研究所在2005年的一项调查中发现，尽管存在着《澳新美安全条约》，但只有21%的民众认为如果中美因台湾问题开战，澳大利亚应当介入其中，而72%的民众则反对这一观点。①

关于中国不断提升的影响力和“中国威胁论”的部分民意调查

自21世纪第一个10年以来，主要关注或涵盖中国问题的调查在数量和范围上都有了大幅提升。其中的一部分反映的是普通民众对中国在21世纪初影响力的看法。

我们首先来看由两家美国民调机构为BBC全球服务提供的一项调查。此项调查自21世纪初起开始追踪全世界多国人民对于各国家全球影响力的态度。在积极态度与消极态度相抵后，中国在2005年得分+18，美国得分−11，2008年中国得分降至+4（美国−18），并在2009年跌至谷底−11（美国−12）。简言之，尽管中国在后期得分较低，但世界性的观点却认为它在21世纪初期的影响力要好于美国。

2011年，中国得分上升至−4，但美国却以+12的得分超越了中国。美国形象在全球的大幅提升大约源自于贝拉克·奥巴马的当选。2011年评分最低的国家分别是伊朗（−45）、朝鲜（−41）、巴基斯坦（−38）和以色列(−26)。②

如果我们只考虑西方国家对中国影响力的态度，形势则并不鼓舞人心。2005年末到2006年初进行的一项民意调查显示，有35%的美国民众对中国全球影响力持积极态度，而53%的民众持负面态度；加拿大的数据略显积

① Ivan Cook, *Australians Speak 2005*, *Public Opinion and Foreign Policy* (Lowy Institute for International Policy, Sydney, 2005), p. 14.

② BBC World Service, “Poll, Positive Views of Brazil on the Rise in 2011 BBC Country Rating Poll”, undertaken by GlobeScan and PIPA, 7 March 2011, web version at http://news.bbc.co.uk/2/shared/bsp/hi/pdfs/05_03_11_bbcws_country_poll.pdf, p. 6.

极。在西欧，唯一一个正面态度比例超越负面态度比例的国家是西班牙。澳大利亚对中国较为友善，有43%的民众认可中国的影响力，38%的民众持否定态度。[①] 到2011年，美国民众对中国全球影响力的态度稍有改观（36%正面，51%负面）；在加拿大情况类似。但是在西欧，没有任何一个国家对中国的影响力持主要积极的态度。在澳大利亚，两派观点势均力敌，各占43%。考虑到本章后文中还将讨论中国在非洲角色的西方形象，我想在此补充这项民意调查中非常突出的一点，即所调查的非洲国家，包括尼日利亚、加纳、肯尼亚、埃及和南非，均对中国非常友善。在尼日利亚，有85%的受访者表示对中国的国际影响力持正面态度，只有8%的人持负面态度。[②]

一份发表于2005年3月的罗伊研究所调查访问了1 000位澳大利亚民众，他们当中69%的人对中国持正面态度，超越了对美国持积极态度的比例（58%），但低于其他几个国家特别是新西兰（94%）。只有35%的澳大利亚人对中国不断增长的实力表示忧虑，这在一系列的威胁中，如美国的外交政策（57%），排名最末。[③]

罗伊研究所调查在2008年至2011年又追踪了几个颇具争议的话题，其中有两点与我们的论题尤为密切，结果显示在表5—2中。第一点表明了大部分且越来越多的澳大利亚人相信中国的发展有利于自己的国家，这也许反映了一个事实，即中澳贸易是澳大利亚避过全球经济危机恶劣后果的关键因素。这些数据也说明：在澳大利亚，潜在的"中国威胁"这一论调开始有所回温。[④] 尽管在过去三年，潜在的"中国威胁"这一观点并未明显恶化，且仍有很多的人反对这一观点，但在我看来，这一形象既无必要也令人

① BBC World Service, "Global Poll: Iran Seen Playing Negative Role", undertaken by GlobeScan and The Program on International Policy Attitudes (PIPA), 2006, web version at http://www.globescan.com/news_archives/bbc06-3/index.html#media.

② BBC World Service, "Poll, Positive Views of Brazil on the Rise in 2011 BBC Country Rating Poll", p. 9.

③ Cook, *Australians Speak* 2005, pp. 1-2.

④ Fergus Hanson, *The Lowy Institute Poll 2011*, *Australia and the World*, *Public Opinion and Foreign Policy* (Lowy Institute for International Policy, Sydney, 2011), pp. 10-12.

遗憾。

表 5—2　　罗伊研究所 2008—2011 年的调查

话题	年份	同意（%）	反对（%）
中国的增长有利于澳大利亚	2008	63	33
	2010	73	24
	2011	75	22
在未来的 20 年里中国有可能成为军事威胁	2009	43	57
	2010	46	52
	2011	44	55

中国与非洲的关系

中国的崛起意味着大幅提升的国际影响力。这不仅仅表现在东亚和东南亚，也表现在世界多个欠发达地区，特别是非洲、拉丁美洲和中亚。在此，我仅援引几例中国在非洲的角色的西方形象用以说明。这些形象多侧重于政治方面而非经济方面，有关能源的问题将在下一章讨论。同中国的其他西方形象类似，中国在非洲的角色的西方形象也多为负面，显现了西方文明的道德优越感。

其中的一些形象尤为突出。一是中非迅速发展的外交关系，西方国家认为这些关系已经成为或即将成为新型的殖民主义。二是西方国家认为中国参与非洲事务已酿成了当地对中国的厌恶和憎恨。《电讯报》发表的一篇文章可谓是这两种形象的佐证："就如同所有帝国一样，中国在非洲的经济掌控已经激起了怨愤。这一切发生得如此之快，不知何日争端方休。"① 三是西方国家认为中国与非洲的关系危及了西方，尤其是美国为改善非洲人权状况所做出的努力。世界银行行长保罗·沃尔福威茨（Paul Wolfowitz）曾指责中国破坏了美国和其他西方国家"将经济刺激与人权改善和环境保护联系起来"②

① David Blair, "Why China is Trying to Colonise Africa", *The Telegraph*, 31 August 2007, web version http: //www. telegraph. co. uk/comment/personal-view/3642345/Why-China-is-trying-to-colonise-Africa. html.

② Quoted in Susan Shirk, *China*, *Fragile Superpower* (Oxford University Press, Oxford, New York, 2007), p. 135.

的努力，换言之，非洲可以通过向中国寻求援助以逃避人权职责，因为中国一向主张不干涉他国事务。相反，“道德优越”的西方却将援助绑上了附加条件，只向那些保证解决人权问题的国家提供帮助。

因为藐视人权，一些非洲政府成为了西方的众矢之的。其中最受诟病的是津巴布韦总统罗伯特·穆加贝，尤其是在2009年“联合”政府成立，摩根·茨万吉拉伊就任总理之前。另一位则是自1989年以来执掌苏丹的总统奥马尔·巴希尔。他被指责向西部达尔富尔（Dafur）地区派遣阿拉伯民兵组织以镇压叛乱，且这些组织对当地村庄进行了洗劫扫荡，引发了人道主义危机。达尔富尔危机成为了一些西方人士所关注的首要问题，他们批评中国支持巴希尔，为了一己私利，一再纵容他的恶行。这一咎责得到了许多人士的大力支持，其中包括电影导演斯蒂芬·斯皮尔伯格和电影明星米娅·法罗，他们在西方拥有广泛的影响力，不仅仅是在电影领域，甚至是在政见方面。在这一实例中，对中国的责难并不是源自于中国自身在人权问题上的失责，而是因为它支持了另一个陷入人道主义危机的国家。事实上，这是一个非常复杂的问题。中国也指出它确实采取了有效措施以阻止阿拉伯民兵组织的不人道行为，只不过它并没有像西方国家那样对自己的善行进行不断的高调宣传。不幸的是，中国的公正态度并未能使自身免于在达尔富尔事件上深陷形象危机。

有必要补充的是，有关中国在非洲的角色这一西方形象，也并非全为负面。一份重要的研究就呼吁“以公平的态度看待中非日益密切的关系，避免以往报道中一贯的情绪过激，或是大众传媒的假想中所表现出的歇斯底里”。这本书明确指出，“在21世纪，中非关系既表现出了积极的一面也表现出了消极的一面”①。

对于这位作家来说，指出大众传媒假想中的歇斯底里格外说明问题。上文所列举的形象实质上反映了西方国家对中国的恐惧，恐惧中国在非洲的作

---

① Ian Taylor, *China's New Role in Africa* (Lynne Rienner, Boulder, Colorado, 2009), p. 33.

为会超越它们自身。在我看来，中国参与非洲事务并不是新殖民主义。当然，这种参与有可能会驱逐以往的模式，即欧洲模式，旧的殖民主义者当然希望新晋势力在非洲不受欢迎，因此也就创造出了非洲憎恶中国的形象。第三点关于人权的形象则较为明确地显示出了西方对中国不干涉他国事务的恐惧，因为这一政策是对那些坚持干涉他国人权纪录的国家（尤其是美国和其他西方国家）的一大威胁。

民主与人权

21世纪，在西方对待世界的观点中存在着一个持续的主旨，即对西方开放就意味着接受西方的政治体制——民主。以中国为例，西方观察家一直期盼并寻求着中国政治改革和自由化的信号，并意指中国应当采纳西方的自由民主模式。正如孟捷慕所说，“自1989年以来，每当美国的对华政策发生实质性转变时，公众得到的解释都是这些政策有利于改变中国的政治体制”①。对华政策中的接触就意味着用美国的模式来改变中国。

1999年11月，乔治·布什在第一次总统竞选中发表了自己对于中国的看法，这一观点在西方广为人知：“经济的自由必将筑就自由的习惯，而自由的习惯将会带来对民主的渴望。……与中国自由地贸易往来，时间必会如我们所愿。”② 西方认为与中国的贸易将使这个国家更加繁荣，也会将民主带到这里。

在第四章中我们曾提及自1989年以来，人权游说集团的影响力日益显著。它对于乔治·布什所宣扬的政策高度怀疑并一贯主张人权高于贸易。它迫使政治领袖在出访时提出人权要求，甚至不惜危及贸易前景。和乔治·布什一样，人权游说集团希望改变中国，但它却相信西方施以道德压力的效果

---

① James Mann, *The China Fantasy*, *How Our Leaders Explain Away Chinese Repression* (Viking, New York, 2007), p. 26.

② Speech given in California on 19 November 1999, cited Mann, *The China Fantasy*, p. 2.

要好于经济贸易。

美国民众对于中国民主的态度和二者（乔治・布什和人权游说集团）皆有不同。迄今为止最为透彻的研究总结如下：

> 美国人了解中国的非西方式民主政治体制，也不认可这种体制，但他们对于这一点却不甚关心。他们希望中国有一个西方式民主的未来，却并非十分强调应当为帮助中国民主化作出何种努力。①

民主的观念在所有的西方国家都根深蒂固，因此我认为这一段关于公众态度的总结也适用于其他西方国家。

鉴于这段关于“帮助中国民主化”的大众观点的阐述，也就不难理解为什么在西方许多人对中国未能实现西方式民主政治改革并不以为意。中国在线（*China Online*）是一家位于芝加哥的金融商业新闻和分析机构，以下这篇文章出自于它的首席执行官和出版商之手，且于2005年5月和6月期间屡次见诸报端。它表现出了对中国较为积极的态度并力图消除有关中国的六种不实假设，其中之一就是中国的民主化。

> 这种假设是，随着巨无霸和咖啡牛奶的进驻，中国人自然会接受西方式民主的信仰和自由选举。西方人普遍认为经济的繁荣将带来一个中产阶级，而这个新生的阶级必将寻求一种能够保护自我新增财富的政治构架。可惜这一想法，除了激增的诉讼案件量，并无太多其他证据可以支撑。正如美国对外关系委员会的易明所说：“迄今为止，中产阶级并未有效形成，更遑论推进大规模的政治转变。”②

有两点原因可以解释西方形象中关于中国民主化关注的减弱。首先，“反恐”战争使得焦点从中国转到了恐怖主义身上。其次，中国经济和国际地

---

① Page and Xie, *Living with the Dragon*, p. 76.

② Lyric Hughes Hale, “Examining the Myths: The China Outsiders Don't Know, Beyond Cocktail Party Wisdom about 1 Billion Neighbors”, *The Houston Chronicle*, 28 May 2005, http://www.chron.com/opinion/outlook/article/Examining-the-myths-The-China-outsiders-dont 1640289.php, p. 2.

位不断提升，却并未表现出“和平演变”的迹象，西方意识到与中国积极接触而非纠缠于改变这个国家或是它的政治体制才是对它们最有利的模式。

2011年，要求民主的改革运动横扫了北非和中东地区，这些运动再次引发了西方对于中国民主的思考。中国有可能步北非、中东的后尘吗？中国民众是否会效仿北非、中东人民进行大规模持续的示威活动要求西方式民主呢？

一家由旅美华人运营、位于美国的网站开始煽动中国的“茉莉花革命”。西方媒体立即对这一事端的发展产生了兴趣。中国政府竭尽所能地遏制这种态势的发展，并防止西方媒体就这一事件大做文章。于是西方媒体的大部分关注焦点也转向了中国严格的审查制度，这也一直都是有关中国广为流传的形象之一。关于“茉莉花革命”，主流观点都认为它的前景极为有限。

关于这一话题，皮尤研究中心（Pew Research Center）做过一个非常有意思的民意调查。调查在埃及革命期间进行，结果在2011年3月底公布。调查中的绝大部分受访人认为中国不大可能发生类似“茉莉花革命”的运动。原因很简单：对于国家发展方向的满意度，中国民众远高于埃及民众（见表5—3）；对于未来五年发展前景的乐观态度，中国多于埃及两倍（中国民众为74%，埃及民众为23%）；对于生活的满意程度，中国仍然是埃及的三倍。①

表5—3　民众对于国家发展方向的满意程度　（%）

	2007年	2008年	2009年	2010年
中国	83	86	87	87
埃及	47	40	31	28

人权

与人权相关的话题在本章所讨论的时间段中一直持续地影响着中国的西

① James Bell, “Upbeat Chinese May Not Be Primed for a Jasmine Revolution”, Pew Global Attitudes Projects, 31 March 2011, at http://pewresearch.org/pubs/1945/chinese-may-not-be ready-for-revolution.

方形象。我们将在不同的语境中对它们进行讨论，这一部分我所关注的焦点是引起西方社会广泛关注的两三个具体案例。

我们曾在第四章中提到过，有关人权问题的顾虑是北京痛失 2000 年奥运会主办权的主要原因。当北京在 2001 年再次申请 2008 年奥运会主办权时，部分西方媒体和人权游说集团试图继续阻挠北京的成功，美国国会也就此议题展开了辩论。但在西方，大部分人士对北京还是乐见其成的。《新闻周刊》在 2001 年 4 月进行了一项民意调查，其中 50%的美国受访民众认为美国应当支持北京申办 2008 年奥运会，而只有 35%的民众表示反对。①

2001 年 7 月，奥林匹克运动会组织委员会宣布将 2008 年奥运会的主办权授予北京。这一决定究竟是源于当时人权问题重要性的降低还是得益于其他因素，我们不得而知。但是在结果宣布的两个月后所发生的“9·11”事件似乎确实降低了西方在未来几年中对中国人权问题的关注度。

2008 年 5 月，汶川地震发生。中国政府在面对这场巨灾时的反应大幅提升了它在处理普通民众事务方面的形象，尤其是与几乎同一时期遭遇洪水灾害的缅甸政府相比。但同一年发生的其他事件却并不利于中国人权状况在西方的形象，其中包括发生在西藏拉萨的“3·14”打砸抢烧严重暴力犯罪事件以及奥运会的筹备阶段所发生的一些事件（本章后文及第八章都将进行论述）。

2008 年北京奥运会

第 29 届国际奥林匹克运动会于 2008 年 8 月在北京召开，这使得中国的西方形象在 21 世纪的头 10 年里显得格外引人注目。这是奥运会第一次在中国举办。奥林匹克运动会已经成为了世界体育赛事的顶尖盛会，当今所有国家都意识到了体育的宣传效应，也都希望看到自己国家在体育赛事中取得成

---

① Page and Xie, *Living with the Dragon*, p. 86.

就。奥运会期间，前往北京观赛的外国游客数目惊人，北京理所当然地成为了世界关注的焦点。全体中国人民尤其是北京市民都迫切地希望给各国游客留下良好的印象。

从整体上来说，北京奥运会非常成功。一部具有影响力的百科全书，其本身就是形象的反映者和塑造者，是这样评价北京奥运会的："2008年奥运会将会被人们铭记，既是因为其震撼奢华的开幕式，细致入微的组织和安保，也是因为它是中国强大的民族身份的展示，是中国作为当代世界平等参与者意愿的彰显。"① 这个贴切的总结代表了广泛流传且占主流地位的观点。

我们可以将这场盛会的形象分为两个部分。其一是奥运会的筹备阶段，其二则是奥运会本身。总体上来说，筹备阶段的形象要逊于奥运会本身。

奥运会的筹备阶段

奥运会火炬传递代表着盛会从上一届的主办地雅典通往新一届的主办地北京的历程，整个过程从2008年3月24日持续到8月8日。火炬传递在很多方面都非常成功，例如圣火登上了珠穆朗玛之巅，并且在精确的时间里到达北京。但是，在火炬传递期间也出现不少纷争。人权激进组织预谋利用奥运会将"中国及其人权状况史无前例地暴露在聚光灯下"②。此外，就在3月14日，西藏地区发生了打砸抢烧严重暴力犯罪事件，而一些国际反华组织更是处心积虑地利用这些事件。

2008年4月早期，奥运火炬在巴黎传递期间，一名西藏示威者试图从一位坐在轮椅上的残疾女运动员金晶手中抢夺火炬，其他的不法分子也多番攻击这名女孩。可是西方媒体却普遍对示威者表示同情，认为他们的目标追随者甚众，他们的行为更是被描绘成"在奥运会期间曝光中国西藏地区恶劣人

---

① Judy Polumbaum, "Olympic Games of 2008", in Linsun Cheng, general editor, *Berkshire Encyclopedia of China*, *Modern and Historic Views of the World's Newest and Oldest Global Power*, Berkshire Publishing Group, Great Barrington, Massachusetts, 2009), vol. 4, p. 1634.

② Human Rights Watch, "Beijing Olympics Basics", 2008, http://china.hrw.org/press/faq/beijing_olympics_basics.

权状况的合法举动”之一。在奥运火炬传递期间，责难中国尤其是西藏地区人权状况的抗议和宣言出现在火炬途经的多个城市，包括伦敦、巴黎、洛杉矶、布宜诺斯艾利斯和堪培拉。世界各地的中国人民纷纷强烈指责这些行为，特别是“巴黎事件”，认为它具有侮辱性和极度不公。在火炬途经的部分城市，当地华人为保护火炬也举行了示威，而西方记者却坚持将这一行为解读成“民族主义”。就形象而言，中国似乎陷入了必败的局势中：无论中国做什么，都是错的！一份美国报道评论说，无论是针对火炬传递的抗议还是为保护火炬所进行的严密安保都使得“本该为这场盛会锦上添花、筑就激情的事件变成了主办方在公共关系上的灾难”①。这一解读不可谓不准确，但这场火炬传递之所以如此损害中国的西方形象，其原因在于极度的偏见和不公。

法国是这一系列形象的焦点之一。除了“金晶事件”和在火炬传递期间巴黎出现的反华示威外，法国总统尼古拉·萨科齐于3月25日宣布说，如果中国不改善人权状况，尤其是在西藏地区的人权状况，他将拒绝出席奥运会开幕式。“人权观察”等组织对他的行为也表示赞赏②，但最终他还是出现在奥运会的开幕式上。他的威胁似乎不过是无稽之谈，甚至显得十分愚昧。此外，在中国也发生了针对法国连锁超市家乐福的短期抵制运动，原因是据说这家超市的大股东曾向达赖喇嘛捐款。

还有一系列的其他活动，特别是在西方国家，都试图利用各种人权问题来为难中国。为了对抗奥运火炬传递，他们甚至还组织了一场“人权火炬传递”。2月份，美国电影导演斯蒂芬·斯皮尔伯格宣布，鉴于所谓中国对苏丹达尔富尔政策的支持，他将辞去北京奥运会艺术指导一职。其他一些著名的美国人士也就同一事件高调发表了观点。

还有预测指出，北京的污染将会非常严重，这将使运动员得病或无法参

① Associated Press，“Vietnamese Cheer Torch，Last Int'l Stop”，*USA TODAY*，29 April 2008，http：//www. usatoday. com/news/world/2008-04-29-torch-vietnam _ N. htm # uslPageReturn.

② 在一份关于奥运会的声明中，“人权观察”将萨科奇这一“策略”描述成“有效的制衡方法”。See Human Rights Watch，“Beijing Olympics Basics”，2008，http：//china. hrw. org/press/faq/beijing _ olympics _ basics.

布达拉宫，取景自西藏自治区首府拉萨市中心的大昭寺，拍摄于 2002 年 6 月。

赛；也有人担心尽管中国政府承诺媒体自由，但他们还是会对报道进行审查。在安保方面，有人担心过于严苛的安保将降低赛事的娱乐性，其他人则认为安保过于松散将使得恐怖主义有机可乘。还有人认为有可能会出现西藏“独立”示威，而中国政府将对其进行残酷镇压，并最终毁掉整场奥运会。西方媒体似乎沉溺于这些假设，让人不禁怀疑那些掌握着媒体话语权的人是否真的希望奥运会顺利举行。人权游说集团似乎真的期盼北京奥运会是一场彻底的失败。

奥运会本身

最终，北京奥运会取得了巨大的成功，无论是在中国形象还是其他方面。

首先，奥运会的开幕式几乎被公认为是一个极具震撼力的奇观，组织完美，将中国源远流长的文化以精美绝伦的图景呈现给了世界。开幕式浓墨重彩地渲染了中国的传统文化，极具感染力，效果远甚于以现代文明为核心的开幕式。出席开幕式的各国领导人数量也超越了以往的各届奥运会，包括法国总统萨科齐。

奥林匹克场馆也广受赞誉，被认为建筑新颖，交通便利。运动会期间整体天气状况良好，大部分人员都忘记了会前频现的可怕的天气预警。当然也出现了几例意外，但远未达到赛前所预测的程度和水平。

在闭幕式时，国际奥委会主席雅克·罗格高度赞扬了北京奥运会，认为它“无与伦比”。据尼尔森传媒调查显示，在长达 17 天的奥运转播期间，有 47 亿观众观看了其中至少一部分。① 2008 年 9 月 1 日，尼尔森公布了一项关于奥运会的网上调查结果，来自世界 16 个国家和地区的 25 951 名民众参与了此项调查，包括美国、英国、加拿大、澳大利亚、法国、德国等。受访人表示北京比他们想象的更加现代化和高科技。闭幕式后，56%的国际游客声称北京的环境比他们预期的要好，更有 92%的人将奥运场馆评价为非常好或好。作为奥运会的主办城市，北京“高分通过”奥运考试。②

当然也存在着一些负面形象，不过相较于正面形象，它们规模较小。一些媒体毫不掩饰对奥运会给中国带来益处的失望之情，这一态度在《纽约时报》的评论中就非常明显，而作为一份具有相当影响力的报纸，它本应负责任地对自己的报道深思熟虑，谨慎对待，但却未尽其职。在奥运会结束前，它发表了一篇社论，将北京奥运会称作是“北京邪恶信仰的奥林匹克运动会”，并描绘它展露着“镇压的疤痕”，却又愤慨地承认“最终的金牌——对形象进行掌握的金牌应当被授予中国领导人”③。

对未来的预期

北京奥运会的作用之一是树立了中国的体育强国地位，它在整体上也为中国开启了一个更为光明的前景。这一话题引起了西方的广泛猜测。关于中国的未来，经济的影响无疑会贯穿全局，这部分内容我们将在有关经济的章节进行详尽的论述，在此我将关注一些非经济方面的话题。

许多西方人士认为，如果说 19 世纪是“英国的世纪”，20 世纪是“美国的世纪”，那么 21 世纪则将成为“中国的世纪”。当然也有一些其他的说法，

---

①② Nielsen Company，“China Becomes a More Compelling International Tourist Destination”.

③ Editorial，“Beijing's Bad Faith Olympics”，*The New York Times*，22 August 2008，web version at http：//www. nytimes. com/2008/08/23/opinion/23sat1. html.

如太平洋世纪或亚洲世纪。将我们这个世纪命名为“中国世纪”意味着这个国家将占据世界经济的领导地位[①]，并最终掌控其他方面，如军事和文化。事实上，21 世纪这样一个数字概念并不能最为准确地区分过去和未来。“中国世纪”有可能是 2000—2100 年，也有可能是 2030—2130 年。

就如同过去一样，未来也会有多个版本。那些创建未来影像的人所考虑的有可能是未来几年，也可能是未来几十年。在考量西方人士对中国未来的预测时，我主要选取在本章所讨论的时间段中（2001—2012 年）所做出的预测，而预测本身则被划分为近期图景和远期图景。有关这两点，都有大量的文献资料可供参考，而下面所呈现的不过是几个有关中国未来的西方形象的典型案例。

近期图景

对于西方来说，关于近期未来最乐观的预测就是中国将继续崛起，但不会挑战到西方的霸主地位。唯有中国实现西方式民主化，这一假想才最有可能实现，因为西方普遍认为民主国家彼此之间不会争斗。著名的普林斯顿大学教授艾伦·佛里德贝格（Aaron Friedberg）指出：“一个更为民主的中国将有可能在亚洲创建一个更加和平且不易爆发战争的环境。”[②] 这一观点基于这样一个假设，即中国将继续平静满足地依附于西方，双方将为共同的利益持续展开贸易和合作。

另一种可能性是中国继续崛起，但不采纳西方的民主自由道路，也不会威胁到西方的地位。在极具影响力的《时代周刊》上，一位作者就为中国的未来描绘了这样一幅图景，他考虑到了中国的贪腐情况以及国内局势，最终仍然得出了一个相对乐观的预测。他认为中国在全球的崛起是必然的，而美

① 例如，参见 Shenkar，Oded，*The Chinese Century：The Rising Chinese Economy and Its Impact on the Global Economy，the Balance of Power，and Your Job*（Pearson Prentice Hall，2004）。有关经济的章节还将讨论这一问题。

② Aaron L. Friedberg，“Hegemony with Chinese Characteristics”，*The National Interest*，July-August 2011，web version at http：//nationalinterest. org/article/hegemony-chinese-characteristics-5439？page=show.

国的衰败也是不可避免的。正如他所说："事情早成定局。"① 这种平衡的转变并不一定会给西方带来灾难，因为衰败的美国和崛起的中国依然有着和平共处的可能性。

对于中国未来的积极预测是多种多样的。"BBC 全球服务"在 2010 年 8 月 2 日曾播出过一部由迈克·罗宾逊（Michael Robinson）主持的关于中国的文献纪录片（共四部分），其中对中国的未来做出了较为详尽的预测。在节目的一开始，罗宾逊就强调中国政府对媒体、大学和学术界采取了严格的监控，并且认为这阻碍了创造力的培养和新思维的发展。他提出："你可以通过取悦你的上级而不是呈现高品质的工作来获得晋升。"这一观点也得到了部分受访中国学者的认同。

但同时罗宾逊也展现了关于中国的积极一面。他谈到了中国近期在科学研究和环保技术方面取得的巨大成就，并认为中国之于环保技术就如同硅谷之于电脑。这就是说，尽管在中国文化受制于政治，但它的确能够培养出具有创新思维的优秀学者。受访人也强调中国人民勤奋刻苦，并对他们"充满活力且引以为豪的祖国"满怀期盼，希望它能够实现复兴，重获在历史上曾享有的尊重。罗宾逊总结说："拿破仑曾预言过，中国这头雄狮一旦觉醒，将会震撼世界。尽管历史上没有必然和绝对，但在今天想要反驳拿破仑的观点则需要极大的勇气。"②

也有人对中国的未来做出了颇为黯淡的预测。一个非常著名的案例来自于一位美籍华裔学者章家敦（Gordon Chang）。他在 2001 年出版了《中国即将崩溃》（*The Coming Collapse of China*）一书，在书中描述了一个腐败不堪、分崩离析的政权和一个岌岌可危的经济体制。他甚至还断言中国崩溃很快就会来到。

2011 年底，章家敦再次撰文讨论这一话题。由于他在 2001 年曾预测中

---

① Elliott，"China Takes on the World"，p. 8.

② Michael Robinson，"China：Shaking the World，Part 4"，BBC 全球服务广播纪录片，2010 年 8 月 2 日首次播出，见 http：//www. bbc. co. uk/worldservice/documentaries/2010/05/100513 _ china _ shaking _ the _ world _ part _ one. shtml。

国将在 10 年内崩溃，即在 2011 年底，因此他写道："我承认，关于中国将在 2011 年崩溃的预言是错误的"，但又继续提出他的误差不过是一年，中国将在 2012 年崩盘。主要原因在于，政治方面，中国积重难返，改革停滞不前，国际上全球经济危机风起云涌，各大强国也无意将中国纳入到世界体系中来，因此中国不再可能"像 20 世纪 90 年代末期的亚洲金融危机时那样通过出口实现繁荣"①。

这篇文章在博客上一石激起千层浪。绝大部分的人都反对他的预测，甚至是对他嘲讽揶揄。其中一位网民写道："事实是，那些攻击中国的论调已经在过去的几年中被一再证明是错误的。但只要他们说的是大部分人想听的，他们中的绝大部分就能够打着'中国专家'的旗号成为媒体的座上宾。"尽管我并不确定是否"大部分人"都希望听到中国即将崩溃，但这位网友确实言之有理。另一位网友写道："声名卓著的《外交政策》杂志居然会在首页刊发这样一篇文章，实在是令人难以置信。"我认为这一论断非常贴切。

远期图景

接下来我们来探讨两个有关中国长远未来的西方观点。一个对于中国在未来几十年的发展非常乐观，而另一个则相对保守。毫无意外，这两者都同时也对西方世界做出了预测。

第一种观点来自于马丁·雅克（Martin Jacques）的著作《当中国统治世界：中国的崛起和西方世界的衰落》。这是一本思想深邃、资料详尽、内容全面的作品。作者指出，除非政局不稳或是战事爆发，否则中西力量对比将朝着有利于中国的方向转换。书中的主要观点在下面两句话中得以充分展现：

> 西方主导的世界已成过眼云烟；在新世界里，至少在 21 世纪，中国

① Gordon G. Chang, "The Coming Collapse of China: 2012 Edition", *Foreign Policy*, 29 December 2011, http://www.foreignpolicy.com/articles/2011/12/29/the_coming_collapse_of_china_2012_edition.

> 不会拥有过去西方拥有的地位。我们正迈入一个现代性竞争的世界，但在这一模式中中国的优势会越来越明显，并最终成为主导。①

他所预测的主导是多方面的。国际规则将根据中国模式做出调整，并将与西方统治时代不尽相同；北京将取代纽约成为世界中心；中国文化将取代美国或西方文化成为基准规范；而中文也将取代英文成为世界语言；如此种种。

雅克所提出的一个重要论点就是一个国家的未来取决于它的过去。在中国的情况中，它未来的行为将更多地受到它的历史模式而非当前的西方统治范例的影响。例如说，尽管当前中国对于主权国家的定义源自于欧洲的民族国家概念且来自于现代社会，雅克却认为中国更应当被看做一个文明国家。他写道：

> 今日中国的主要面貌，包括社会关系、风俗习惯、生活方式、优越感、国家观念和对统一的执著，都是中国文化的产物而不是近代成为民族国家后的表现。表面上它似乎像民族国家，但骨子里是文明国家。②

那么当这个“文明国家”统治世界时，它又会如何作为呢？雅克指出中国“总是自视为大陆强国，从不认为自己是胸怀海外野心的海上强国，也不打算这么做”③。这就是说中国并不希望通过武力方式进行海外扩张，尽管它在其他方面也许会表现出自我认同和优越感。

在政治体制方面，雅克强调影响未来强大中国的将是儒家传统而不是西方的民主或传统模式。这也就意味着“政府的中心地位”和公民社会的“相对弱势”。因此雅克相信“中国模式”的治国方略将更有可能是“一个集权的儒家”政体而非一个西方式民主政体。④

另一份预测则来自于专业的未来学研究者乔治·弗里德曼（George

---

① Jacques, Martin, *When China Rules the World*, *The Rise of the Middle Kingdom and the End of the Western World* (Penguin, London and New York, 2009), p. 433.

② Ibid., pp. 417, 332.

③ Jacques, *When China Rules the World*, pp. 390, 309.

④ Ibid., pp. 397, 313.

Friedman)。他并非只关注中国，而是放眼整个世界。1996 年，他创建了一家私营智库“战略预测”公司并担任首席执行官。在他的诸多著作中，其在 2009 年出版的《未来 100 年大预言》一书登上了《纽约时报》畅销书排行榜。书中的中心思想是认为美国的霸权时代并未走入末路而是刚刚拉开帷幕，并将一直贯穿 21 世纪。挑战美国这一优势地位的将是墨西哥。北美洲之外的主要国家分别是土耳其、波兰和日本，土耳其将重现奥斯曼帝国时期的辉煌，再统中东。

至于中国，弗里德曼认同雅克的观点，认为这个国家无论是在领土上还是在海外都不会进行扩张。他认为中国绝无挑战美国世界霸权的可能性，更不用说取代。其根本原因在于这个庞大的国家除了东部沿海地区之外，其他区域都过于贫困，且数量庞大、贫穷落后的农民也将是这个国家发展进步的永恒阻力。此外，中国在地缘上十分孤立，且“在历史上不具有攻击性”[①]，因此想要将它的影响力投射到疆土之外非常困难。中国国内并不团结一致，一旦经济发展停滞，分裂将不可避免。这并不是意味着这个国家将分裂成多个国家或是崩溃，但弗里德曼确实指出中央政府的权势将被削弱，从而失去对多个区域的实际掌控，就如同历史上曾多次发生的情形一样。在书中，弗里德曼并未对中国共产党的统治能否持续进行过多的讨论，也没有强调意识形态的重要性，但他却明确指出中国不会成为 21 世纪的强国。书中关于中国的一章更是被轻蔑地命名为“中国 2020，纸老虎”[②]。

小　结

在过去的两个世纪里，西方总是将中国视为劣等之国。19 世纪的帝国主义更使得西方的优越感根深蒂固。他们从未考虑过世界是否可能有所不同，

① George Friedman, *The Next* 100 *Years*: *A Forecast for the* 21*st Century* (Knopf Doubleday, New York, 2009), p. 90.

② Ibid., pp. 88 - 100.

而乔治·弗里德曼等人的观点也进一步巩固了西方的傲慢态度。虽然从未公开表达过，但我以为，美国无论是在外交政策还是其他方面，都从未将中国视为平等一国对待。

当然，西方在很多方面依然遥遥领先于中国，特别是在军事、人均经济产出和世界影响力方面。但在历史长河的发展中，21 世纪的第一个 10 年已经见证了中西力量对比史无前例的转变，西方的领先地位也不再固若金汤。西方在 2011 年和 2012 年需要中国施以援手以摆脱债务危机这一事实，在过去更是难以想象。我并不比诸位更了解未来，但窃以为无论西方是否愿意，在不远的将来，它必将正视中国为平等之国。

到了 21 世纪，形象已不再是权力关系的直接反映。将中国形象不如预期归咎于中西力量关系不均衡也有失偏颇。中国的西方形象并没有像中西力量对比那样得到大幅改善就是一个很好的证明。没有任何一个处于统治地位的文明愿意黯然离场，它们必然会对挑战者表现出极度的警惕和猜疑。也许自 20 世纪末起，强大的西方便对崛起的中国产生了猜忌之心，这种警惕也就阻碍了中国形象的大幅改善。从这个角度看，权力关系依然对形象存在着间接的影响。我以为，西方对中国的诸多挑剔在很大程度上就是源于它希望以此阻止或是减缓两个文明之间力量对比的转换。

当然，西方也存在着许多正面的中国形象。此外，负面的形象多半也有着一定的事实基础。没有任何一个国家是完美无缺的，中国也存在着很多的问题。任何一个居住在那里的人都会发现中国人民也在不断地批评自己的国家的某些方面。

但是，西方却倾向于夸大中国的不足而忽略中国的成就。中国人民的抱怨并不意味着这个体系即将坍塌，类似情况在其他国家也都存在。北京奥运会之前及期间发生的有关所谓人权和民主的诸多纷争仅是一例，但也足以看出西方记者和其他人士出于政治的原因对中国的辉煌成就吝于赞美之词。本章和其他章节中多有表现偏见的事例，在此便不再赘述。

我想以一位中国学者的话语来结束本章。我完全理解他在引文中所表达的情感，他的话语也比我的更具感染力：

看看中国的城市：人们不仅会在（上海）浦东看到华彩林立的高楼大厦，也会在中国的许多其他城市看到干净整洁的街道和更为壮观的建筑。看看中国的商场：里面摆满了琳琅满目的商品，种类繁多，质量上乘。看看中国的人民：他们比中国历史上任何一个时候都要健康时尚。尽管中国政治和经济中还存在着不少问题，但许多中国人都在当今这个时代看到了实现现代化的真实可能性。他们也感受到了中国在世界事务中地位的上升。①

他还可以加上一句：大部分中国人都是满怀着自豪之情看待中国的崛起的。

① Jia Qingguo, "Disrespect and Distrust: The External Origins of Contemporary Chinese Nationalism", *Journal of Contemporary China*, vol. 14, no. 42 (February 2005), p. 15.

第六章

20 世纪末中国经济、人口政策以及环境问题的形象

本章主要关注的是1949年到2000年期间中国经济的西方形象。它将同时包含两个与经济密切相关的方面，即人口政策和环境问题。

从总体上来看，中国在经济方面的形象要优于其战略和政治形象。在20世纪，经济和战略形象之间的联系远没有21世纪这样密切，这也就意味着第三章所讨论的“中国威胁论”并未影响到经济方面。对于“文化大革命”的严苛评价也并未波及对中国经济的公平评判。基辛格和尼克松在1971年和1972年的访华改善了西方世界对中国经济的看法，特别是关于人民生活水平方面，但1971年之前和1972年之后两个时间段中中国经济形象的对比却远不如政治方面那样强烈。

20世纪80年代，中国开始大力推行改革政策，经济转为以市场为主导，展现出了与西方国家的相通之处，生产力也得到了切实提升，因此，经济方面的形象迅速改善。与第四章所讨论的整体形象不同的是，1989年政治风波对经济方面的影响较为短暂。事实上，在20世纪90年代中晚期中国西方形象的诸多方面中，经济领域是最为正面积极的，即使是人权争端也未能影响西方对于中国改革政策的认可和称赞。

在毛泽东时期，西方在很大程度上仍将人口问题看作是经济领域的一个分支，而当时环境问题尚未被列入考量范畴。到改革开放时期，由于政治因素，人口政策和环境问题的形象都要略逊于经济方面。在人口政策上，计划生育政策的施行引起了人权方面的争议。环境问题到此时也成为了西方世界的一个重要的政治因素，并且对中国的形象起到了重要却相对负面的作用。

纵观所有时代，形象从来都不是完全一致的。在西方，经济领域里的左翼观点一直有着其追随者，不过这一现象在欧洲和澳大利亚（相较于美国）更为普遍。左翼流派的观点表现为对20世纪50年代到70年代中国的经济发展更为认可；讽刺的是，对于那20年内中国经济持首肯态度的部分人士对改革政策却多有微词。在关于中国人口政策和环境问题的正面观点中，主流意见和左翼流派几乎是平分秋色。

毛泽东时期的中国经济

考虑到生产力的提升和工业化的发展，西方对于 20 世纪 50 年代中早期的中国经济给出了颇为正面的评价。西方世界认为工业产出和通信的进步是第一个五年计划的成果。当国家从连年战乱中摆脱出来以后，人民的生活水平也得到了提升。

但是，这些积极的方面也受到了其他一些因素的影响。首先，中国高举社会主义经济制度的鲜明旗帜，国家掌控着主要部门，私营企业受到限制或几近绝迹，因此民众从国家经济发展中获得的利益也较为有限。此外，中国遵循苏联模式，中苏经济的密切关系更加强化了我们在第四章曾讨论过的苏联主导的印象。当时的中国经济基本实现了自给自足，对外贸易在经济领域几乎无足轻重，这也就意味着中国基本上与西方隔绝。在交通方面，铁路的修建主要是出于战略目的，因此它的进步主要是使国家受益却未能惠及民众。西方观察家们认为中国的集权制度保障了共产党所取得的经济成就，并严厉谴责这一制度。关于这一观点，法国记者罗伯特·吉隆做出了精妙的总结："物质上的绝对均衡和精神上的极度失衡。"[1]

1950 年末，毛泽东脱离了苏联模式开始推行以"政治为主导"的政策，强调意识形态优于物质条件的激励作用。西方观察家对此做出了更为强烈的批判。他们尤其反对"大跃进"和人民公社化运动，对于"大炼钢铁"中专业性的缺乏更是嗤之以鼻。他们指出毛泽东的政策将难以为继，他提出的目标更是过度浮夸、不切实际："大跃进"运动是一场彻底的失败，更是"耗费了中国本应用来发展国家的宝贵时光"[2]。

---

① Robert Guillain, trans. Mervin Savill, *The Blue Ants*, *600 Million Chinese under the Red Flag* (Secker and Warburg, London, 1957), p. 233.

② Chalmers Johnson, "The Two Chinese Revolutions", *The China Quarterly*, no. 39 (July-September 1969), p. 12.

南京长江大桥，拍摄于1966年1月。当时这座大桥落成不久，上半部的路面交通尚未开通。

“大跃进”所带来的最为严重的后果之一就是粮食产量的下降。这次政策转向的同时又遭逢了严重的饥荒和苏联撤援，许多报告都揭露出了大范围的食物短缺，甚至是饥荒。当时的中国政府将它归咎为自然灾害，如北方大旱、南方大涝，但西方评论家却认为这主要是源自于愚昧的甚至是灾难性的政策。①

不过在西方仍然有人赞赏中国的经济发展，包括“大跃进”时期的经济。1961年法国社会党领袖弗朗索瓦·密特朗（1981年到1995年期间曾担任法国总统）访问中国，并相信毛泽东关中国没有饥荒的保证。② 韩素音在有关中国经济的广泛论述中也展现出了一幅工业、贸易、农业欣欣向荣的景象。她声称，尽管在“大跃进”期间出现了“大范围的营养不良”，但“配给制度保障了粮食的公平分配，制度并没有崩塌，也未出现饥荒或大面积因饥饿造成的死亡”③。在第三章我们曾提及的斯诺在1960年再度访华。相较于1949年以前的极度社会不公，斯诺对于此次所目睹的相对公平颇有感触。这一观察是公平而敏锐的，但是，斯诺却否定了西方广为报道的在中国发生的“大

① 对于当时对饥荒原因的公正论述，参见 D. J. Dwyer，“The Three Bitter Years”，first published in 1962 and reprinted in D. J. Dwyer（ed.），*China Now*，*An Introductory Survey with Readings*（Longman Group，Harlow，Essex，1974），pp. 262-267。

② John Gray，“Mao's Great Famine：the History of China's Most Devastating Catastrophe（1958-1962）By Frank Dikötter”，*New Statesman*，20 September 2010，web version at http://www.newstatesman.com/books/2010/09/mao-china-famine-western.

③ Han Suyin，*China in the Year 2001*（C. A. Watts，London，1967），p. 52.

规模饥荒”。

这一否定见解显然不够透彻。“大跃进”运动在当时就已引起了诸多争议，其后更是纷争不断，无论是在中国还是在西方。由于本书主要聚焦于当代中国的形象，对这一历史事件也就不作论述。我仅仅想要指出，关于中国在20世纪50年代末和60年代初粮食状况的评价随着时间的流逝而不断恶化。到21世纪，西方普遍认为，以总体的死亡人数计，这场饥荒已成为了人类历史上最为严重的饥荒之一。①

到20世纪60年代中期，西方观察家注意到中国经济开始大幅改善，且在“文化大革命”期间也未出现类似“大跃进”饥荒的反复，经济发展要好于预期。美国加利福尼亚大学伯克利分校的一位知名学者在中华人民共和国成立20周年时高度评价了中国共产党所取得的成就，尤其是在经济方面：

> 在中国共产党的领导下，中国人民实现了祖国的统一，创建了良好的工业基础，改变了国家的内部分配制度，第一次完成了对国家自然资源的彻底勘察，战胜了饥荒的威胁，开始掌握核技术，并在许多其他方面也取得了很多令人瞩目的成就。在同一时期设定了相同或相似目标的其他国家都难以望其项背，无法与其匹敌。②

当然，也有部分人士不为这些成就所动，其中之一就是西蒙·雷斯。尽管他承认“毛泽东政权”“几近成功地为人民提供了食物和住房”，他却认为，“如果冷静思考就会发现，这不过是一个自重的牧羊人应当为他的牲畜所提供的最低限度”③。在第三章，我们已经谈论过雷斯对于毛泽东政府的看法，尽管他意识到了中国经济的进步，但政治的因素却使得他不愿意给予中国政

---

① See Dali L. Yang, “Great Leap Forward”, in Linsun Cheng (general editor), *Berkshire Encyclopedia of China* (Berkshire Publishing Group, Great Barrington, MA, 2009), vol. 2, p. 928. 关于“大跃进”时期的饥荒，相关文献的数量不断增长，其中大部分持极度负面的态度。最为极端的一份论述是 Frank Dikötter, *Mao's Great Famine: the History of China's Most Devastating Catastrophe* (1958—1962) (Bloomsbury, London, 2010)。

② Johnson, “The Two Chinese Revolutions”, p. 12.

③ Simon Leys, trans. Steve Cox, *Broken Images*, *Essays on Chinese Culture and Politics* (St Martin's Press, New York, 1979), p. 107.

府丝毫肯定。

在第三章，我们还提到斯诺曾在 1970 年末和 1971 年初重返中国。他对这个国家表现出了相对积极的态度。为了展现他的感触，他描绘了一个典型的中国人：王同志。在下面的篇章中，斯诺以王同志为例展现了一幅关于中国城镇居民经济状况和生活水平的光明图景。

> 王同志现在身体健康、衣食无忧，一周六个工作日里他辛勤劳作，学习毛泽东思想，参加技术进修……我们并不完全了解王同志，但如果他有什么忧愁，则绝不包括不断上涨的食物价格、医疗花费和税费。在过去的十年中，这些价格一直保持稳定或不断下降，既没有浮动也没有黑市。王同志无须缴纳个人所得税；政府掌控市场，将民众的消费控制在可计划的必需品之内，通过调控市场价格获取剩余劳动价值，这就构成了政府的岁入。王同志的生活花费非常有限，但他却没有银行贷款、债务危机，以及曾经困扰他父辈们的对于饥饿和赤贫的恐惧。①

那么基辛格和尼克松的访华对于中国经济的形象是否有影响呢？答案是肯定的。他们的访华使得西方对于中国经济发展的认可融入了主流观点。在其随行人员中有不少人是首次来华，他们也积极分享他们对于中国的感受，这些感受在经济方面通常较为或非常正面。

在那些首次访华的人士中有不少人是记者，他们中的一部分人将自己的经历著书出版，其中之一就是著名的约瑟・卡夫。他曾经是美国民主党总统约翰・F・肯尼迪的演讲稿撰写人，因此被认为与共和党总统理查德・尼克松政见相左。尽管如此，他依然在 1972 年 2 月随同尼克松出访了中国。在尼克松离开后，他又在中国停留了大约一个月的时间，并随后在自己的著作中表达了对这个国家非常正面的态度。和斯诺一样，他对于中国的公平程度感到震惊：曾经鲜明的社会等级差异已“湮灭在自行车的海洋、居者有其屋的

① Edgar Snow, *The Long Revolution* (Penguin, Harmondsworth, 1974 ed.), p. 31.

住房分配和统一的人民着装中了"[①]。书中关于经济和社会的一章题为"中国奇迹"，其中对农业生产尤为称赞。

此外，颇具影响力的普利策奖获得者、记者哈里森·索尔兹伯里曾在1972年5月访问中国。他认定中国共产党的统治有利于农业生产力的组织和农业活动，如播种、收割等的展开，并极大地促进了农村地区的发展。他还写道：

> 在此基础上，传染病的根除带来了健康的福音，沉重的税务和利息负担也得以减免，更好的种子品种和施肥工艺逐步被引入（在卫生的条件下使用人粪肥并逐步增加化学肥料的供给）；此外还包括提供技术帮助和对大规模灌溉设施的资金支持，这对于中国贫瘠干旱的地区来说是生死攸关的大事。[②]

这些对于农村地区人民公社的评价都非常积极正面，它们源自于索尔兹伯里首次访华的感触。倘若没有基辛格和尼克松在中美关系中的主动，他的中国旅程恐怕也难以成行。这些例证都显示出，在20世纪70年代早期西方主流社会对中国经济的评价也随着政治的缓和而得到了改善。

人口问题

人口学与经济密不可分。人口越多，所需要的食品、衣物和居所也就越多，而要有效地管理这些人口资源，例如为民众提供合适的工作岗位，也就越为困难。在西方，有很多的著作都涉及毛泽东时期的人口状况。

其中包含着几个重要的形象。第一，中国政府并没有完全掌握本国的人口数量，而对于已了解的情况也是讳莫如深。1953年中国人口普查的结果虽已对外公布，但政府发言人显然也没有预料到人口数量是如此庞大。至于

① Joseph Kraft, *The Chinese Difference* (Saturday Review Press, New York, 1972), p. 78.

② Harrison E. Salisbury, *To Peking—and Beyond*, *A Report on the New Asia* (Quadrangle/The New York Times Book Co., New York, 1973), p. 90.

1964 年的人口普查，西方专家虽然了解到此次调查已经进行，但却发现中国并未对此进行相关宣传，其结果在当时也未对外公布。[①] 其他的人口数据，在西方看来，更是极端有限且不尽可靠。

第二个印象是中国的人口数量过于庞大，想要养活这么多人十分困难。在 20 世纪 50 年代早期，由于不断改善的卫生条件和医疗保健服务，死亡率不断下降，尤其是在分娩前后中母婴的死亡率，因此人口也就不断增多。当然，这些都是非常正面的形象，但是，粮食生产的增长能否满足不断增加的人口的需求就成为了一个十分迫切的问题。到 50 年代末期，在上文曾提到过的有关“大跃进”饥荒问题的讨论中，这一问题更加激化。

第三个形象也较为负面：西方认为中国的人口政策在支持和反对人口控制中摇摆不定。毛泽东在 1949 年曾宣布说，庞大的人口数量将有益于国家，但随后又多次改变观点。其中有几年，他虽然支持人口控制，却依然提倡人口众多的好处，因为人口越多，产出也就越多，就能保障一个强大的中国，且无论如何，社会主义制度的优越性保证了政府有能力照顾全体人民，无论人民数量多么的庞大。1957 年，时任北京大学校长的马寅初教授（1882—1982）公开发表观点，主张控制人口增长。尽管和周恩来情谊深厚，马寅初也因这一学说被打成了“右派”。批判他的主要原因之一就是他的“新人口论”否定了社会主义照顾全体公民的能力。[②]

1969 年，中央政府成立了特别工作组对人口控制问题进行调研，在毛泽东时代的最后几年中，中国的出生率迅速下降。很明显，到此时，毛泽东已经批准了人口控制政策，但依然质疑其可行性。1971 年 12 月 18 日，在毛泽东与埃德加·斯诺的一次“谈话”中，斯诺根据自己的印象评论说，相较于 5 年、10 年之前，人们对计划生育政策更加支持。

---

① See John S. Aird, “Official Population Data”, in Yuan-li Wu (Ed.), *China A Handbook* (Encyclopaedia Britannica Inc., New South Wales, 1973), pp. 96 - 97. 1964 年人口普查的数据是和 1982 年的数据同时公布的。

② 马寅初在 1979 年获得平反，在他百岁寿辰前不久去世。马寅初比毛泽东长寿，并最终得见自己的主张被中国政府接受。

他［毛泽东］说，不。我［斯诺］被欺骗了！在农村地区，妇女依然希望能够诞育一个男孩。如果第一个和第二个孩子都是女孩，她会再试一次。如果第三个依旧是个女孩，母亲会再生一个。很快就会有九个女孩了，而母亲也差不多45岁了，这时她最终决定放弃。这种态度必须被改变，但它需要时间。①

记录下毛泽东对于斯诺观点的纠正，斯诺似乎在强调，在这个极其复杂的问题上，毛泽东，基于对中国农民心理的深刻理解，正逐步采纳现实主义的观点。

环境问题

人口问题的形象将我们又引向了环境问题的形象。每一个人的需求都将影响到环境，人口越多，环境的维护也就越发困难。事实上，在1970年以前，环境问题并不是一个国际关注的焦点，因此它在中国的西方形象中也显得无足轻重。唯一具有影响力的就是大熊猫，这一点我们将在后文简短论述。

第三章中曾提到，在20世纪六七十年代的反越战抗议中，环境问题成为了年轻知识分子们关注的焦点之一。但是将环境问题作为一个重要的问题提到国际政治舞台上来的标志却是1972年在斯德哥尔摩召开的人类环境会议。中国也派出了代表团参加此次会议，并在重视环境保护和改善的活动中起到了先锋作用。

据美国一本有关当代中国（20世纪70年代末以后）的知名百科全书记载，中华人民共和国的1978年宪法在涉及一些“新近出现的社会问题”② 时就有提倡环境保护的条款。它也提到要在国务院领导下建立环保部门。但在当时，西方关于中国形象问题的专著中对环境问题却缺乏关注。唯一与之相关的观点就是，中国是一片洁净的土地，那里农民亲近土地并为之辛勤劳

① Edgar Snow, "A Conversation with Mao Tse-tung", *Life*, vol. 70, no. 16 (30 April 1971), p. 47.

② Fredric M. Kaplan, Julian M. Sobin and Stephen Andors, *Encyclopedia of China Today* (Eurasian Press, US; Macmillan, London and Basingstoke, 1979), p. 70.

作。前文中我们已经提到，在基辛格和尼克松之后，不少记者也来到了中国，并对人民公社，包括那里的卫生健康条件都给予了非常正面的评价。

20 世纪 80 年代和 90 年代

1976 年毛泽东逝世，1978 年底邓小平成为了新的领导核心。这不仅给政治方面带来了变动，同时也影响着中国的经济、人口以及其他政策。邓小平再次提出并一再强调要实现“四个现代化”，即工业现代化、农业现代化、国防现代化和科学技术现代化。这一方针目标是由周恩来总理在 1964 年首次提出的，但随后便湮没在“文化大革命”的旋涡中了。在“文化大革命”浩劫结束后，中国开始接纳国际贸易、投资、企业等相关经济理论和各种观点。“大跃进”时代和“文化大革命”期间标志性的精神激励也被物质追求逐渐取代。

这一改变的影响是巨大的。通过引入先进技术和其他方式，中国确实走向了现代化。在农村，曾为诸多西方人士所称赞的人民公社在 80 年代解体，农业生产的集体化模式也逐步结束。这就意味着回归到以家庭耕种为主的生产方式以及对土地更为自由的支配。在全国各地，生活水平都得到了提高，但部分区域通过改革取得了更为显著的成就，结果就导致了贫富差距的不断扩大。

从整体上来看，西方对于中国发展方向的转变是非常赞许的。几乎没有人会质疑中国人民对于国家现代化的热情，无论是在政府层面还是普通民众层面。世界银行也很快认可了中国现代化的新目标。世行成立于 1944 年，其主要目标是消除贫困，虽然它是一个国际机构而非西方机构，但主要还是为美国和西方其他国家所掌控，历任行长也一直由美国人担任，因此，它的观点毫无疑问反映了西方的态度，并且对于这些态度的形成也具有相当的影响力。世行在 1985 年发布了一份报告，高度评价了中国的经济政策。尽管报告中指出了中国经济中的一些弊病，如劳动力和其他资源使用率的低效，但在报告的概述部分却乐观地指出："中国的长期目标在理论上是切实可行的。如果以近期的经验来判断，在实际中实现的可能性也非常大。"①

1985 年的这份报告源自于世行行长阿尔登·克劳森（A. W. Clausen）在 1983 年访华期间与邓小平和其他中国领导人的谈话。在这份报告的"序言"中，克劳森指出他已充分了解了中国的经济目标，其中的主要例证就是"我们谈到国家的目标是在 2000 年的时候将人均年收入提高到 800 美元"②。在 1980 年，中国的人均年收入还不足 300 美元，最终这个目标被超额完成。据世界银行数据，在 2000 年，中国的人均年收入为 923 美元。③

1997 年至 1998 年期间，亚洲金融风暴席卷了印度尼西亚、泰国、韩国等多个国家，而中国在这场危机中的突出经济表现受到了西方领导人和经济学家的一致赞许。但同时，关于中国的货币政策也有着不同的声音，这一点在 21 世纪变得尤为重要和非常负面。1994 年，中国进行了外汇体制改革，将人民币汇率与美元挂钩，这一举措避免了货币炒家对人民币的炒作冲击，也是中国得以幸免于金融危机严重后果的关键要素。

正是由于经济方面的突出表现，在国际社会和西方世界曾引起广泛关注的 1989 年政治风波，尽管对中国的其他方面产生了巨大的冲击，对于经济的影响却相当短暂。1992 年初邓小平南方谈话之后不久中国经济就得以复苏并受到了西方社会的认可。1994 年 3 月出版的一本畅销的旅游指南中这样写道："对于所有来到中国的游客来说，高速发展的经济是显而易见的。"随后书中还描述了中国各个领域的蓬勃发展，并总结说："在中国由政治主导体系向经济主导体系转型的过程中，各地的人们都迫切地想要抓住这个时代所

①② Ian Porter, Robert P. Taylor, and others, *China, Long-term Development Issues and Options* (The Johns Hopkins University Press, Baltimore and London, 1985), p. 20.

③ 见"GeoHive, Gross National Income", at http://www.geohive.com/charts/ec_gni3.aspx，数据来自世界银行。中国在 2000 年的国民总收入是 1 168 880 000 000 美元，2000 年人口普查的结果显示当年的人口总量为 1 265 830 000。

带来的机遇。"①

个人物质条件的富足，至少在西方看来，是与邓小平的一句名言“致富光荣”是密不可分的。例如，在 20 世纪 80 年代，极具影响力的中国观察家奥维尔·舍尔（Orville Schell）就以此为题出版了一本非常知名的著作。② 据一篇报纸报道称：“这一口号充斥在西方的媒体、书籍、教育资料以及其他有关中国的材料中”③。这也就意味着它代表了一个广为流传的形象。事实上，这一口号仅仅出现在西方的资料中，但没有证据表明邓小平确实曾说过这样一句话。④ 不过对于形象来说，差别并不大，因为这句话准确地总结了中国在 20 世纪八九十年代的经济特点。在“文化大革命”期间，如果有人妄想致富，恐怕会被打成“资本家”或是“坏分子”，而在邓小平改革开放的政策下绝无这样的风险。

关于不断增长的经济，奥维尔·舍尔等人强调了其中的一点，即繁荣的市场。他指出，在 20 世纪 70 年代晚期，市场上的物资非常匮乏，但到了 80 年代早期和中期，形势却大为改观，品种繁多的食品、进口饮料和香烟均有出售。1984 年初他曾参观过广东地区的一个农村集市。在集市当天他发现数以千计的私人商贩从四方聚集而来；即使不是在集会日，主干道的两边也“排满了几百个商亭和小贩”⑤，出售着各种各样的商品。

对外开放政策给中国的经济和生活方式都带来了巨大的转变。经济特区的建立和外国投资的引入使中国接触到了外来产品和技术，特别是来自于西

① Michael Buckley, Alan Samagalski, Robert Storey, Chris Taylor and Clem Lindenmayer, *China-A Travel Survival Kit*, 4th edition (Lonely Planet Publications, Hawthorn, Vic., Australia, 1994), p. 52.

② Orville Schell, *To Get Rich Is Glorious*, *China in the Eighties* (Robin Clark, London, 1985). See also Ross Terrill, *China in Our Time*, *A Personal View of the People's Republic from the Communist Victory to Tiananmen Square and Beyond* (Hale & Iremonger, Sydney, 1995), p. 17.

③ Evelyn Iritani, "Great Idea but Don't Quote Him", *Los Angeles Times*, 9 September 2008, web version at http://articles.latimes.com/2004/sep/09/business/fi-deng9.

④ Iritani, "Great Idea but Don't Quote Him"，引自北京大学邓小平理论研究中心的一位研究员。他谈道：“据我所知，这一口号的使用……仅仅出现在国外的报道中。”

⑤ Schell, *To Get Rich Is Glorious*, p. 51.

方世界的。在20世纪80年代，中国人开始接触到并追捧可口可乐等商品以及种类繁多的外国奢侈品。对于许多西方人士来说，中国在生活方式上日益趋近西方这一现象是令人畅怀的，一位作者就曾谈到“对外开放带来了令人心旷神怡的风”[①]。一部分人也重拾旧梦，认为中国将再一次为西方商品和服务提供广阔的消费人群，且数量更胜以往，财力更为雄厚，西方的销售额也很有可能会上升。

但这所有的一切也有着另外一面。毕竟，许多左派人士认为，可口可乐是美国消费主义的终极标志，并创造出了一个新的词语“可口可乐殖民主义”用以描绘帝国主义的渗入。一些观察家也对中国表示失望，感慨这个曾经在“文化大革命”中独立于世、不浊于西方消费主义的国家最终如此积极地融入了其中。以奥维尔·舍尔为代表的人士也指出：“在中国人的群体心理中，曾有一种不可触及的痛楚，即在面对西方的财富、权势以及技术领先时，中国人会感到蒙羞”，而如今这种心态早就不知所踪了。奥维尔·舍尔特别指向他在1983年和1984年曾经到访过的地区，并在书的结尾处指出，中国人已经在某种程度上“暂时地失去了中国近代史中这一精神的传承”[②]。

这些都是改革开放早期的形象。那么在中国经历了1989年政治风波之后，20世纪90年代的形象又如何呢？答案非常明显。1989年政治风波确实影响到了中国在政治和人权方面的形象，但对于经济的影响则甚为微弱，且持续的时间也不长。一位消息灵通的西方作家指出，外国直接投资的“暴发”发生在1992年以及随后的几年[③]，换言之，正是风波过去后的两三年后。更为重要的是，他认为中国大批的沿海居民在20世纪80年代末和90年代初步入了中产阶级下层，正是在风波发生的前后几年中。随着中国中产阶级人数的增加，消费渠道也开始多样化，西方企业在中国的机遇也不断扩大。[④]

---

① Jim Rohwer, *Asia Rising*, *How History's Biggest Middle Class Will Change the World* (Butterworth-Heinemann Asia, Singapore, 1995), p. 132.

② Schell, *To Get Rich Is Glorious*, p. 210.

③ Rohwer, *Asia Rising*, p. 133.

④ Ibid., p. 244.

在西方，一部分人曾希望中国共产党步欧洲马克思列宁主义党派的后尘并崩溃瓦解，因此他们对于崛起的中产阶级和年轻的知识分子们如此轻易就“放弃了对民主的追求”感到颇为失望。在第五章我们曾提到过，在西方，许多人士认为不断增长的繁荣富足将滋生民众对于西方式民主的渴望，但也有着另外一种观点，即相较于为了政治理想而进行的斗争，对于教育、金钱以及个人、家庭、国家利益的追求则更为重要。一位西方观察家评价说：“我们不应指责中国年青的一代想要摆脱政治斗争的束缚，因为这些曾经毁掉了他们父辈的生活。”①

另一个重要的问题就是中国是否会转向资本主义。20 世纪 80 年代西方的主流观点认为自由市场政策毫无疑问地指向了资本主义。法国汉学家玛丽格莱尔·白吉尔夫人（Marie-Claire Bergère）在一本关于中华人民共和国历史的著作结尾处这样评论道：“一旦有所了解，人们就会质疑，有中国特色的社会主义是否会与有儒家特色的资本主义有所不同。”② 另一位学者也将“四个现代化”看作是包含着“一个违背了革命社会主义基础的方案”，换言之，他认为这一政策明确指向了资本主义的重建。③ 这两种解读在有关中国一定会“走向资本主义”这一点上是一致的，但它们的区别在于前者以平静的态度接受了这一变化的可能性，而后者则认为这一改变是对毛泽东及其“文化大革命”的背叛。

资本主义一个众所周知的特点就是不公平性。早在 20 世纪 80 年代，西方观察家们就注意到了中国贫富差距的不断扩大。杰出的中国问题学者乔纳

---

① Geoffrey Murray, *China, The Next Superpower, Dilemmas in Change and Continuity* (China Library, Curzon Press, Richmond, Surrey, 1998), p. 122.

② See Marie-Claire Bergère, *La République populaire de China de* 1949 *à nos jours* (Armand Colin, Paris, 1987), p. 223. 法文原文为：“l'on peut se demander si, une fois réalisé, le socialisme *à* la chinoise sera très différent du capitalisme *à* la confucéenne”。

③ Michel Chossudovsky, *Towards Capitalist Restoration? Chinese Socialism after Mao* (Macmillan, Basingstoke, Hampshire, and London, 1986), p. 203.（西方的这种观点是不正确的，中国虽然建立了市场经济体制，但市场经济并不等于资本主义，社会主义国家也有市场。中国的基本经济制度仍然是以公有制为主体、多种所有制经济共同发展，中国走的是中国特色社会主义道路，绝不是资本主义道路。——译者注）

森·昂格尔（Jonathan Unger）曾在20世纪70年代中期和1991年做过几次实地调研，令他印象尤为深刻的是，在中国农村，由于财富不均导致了社会阶层的划分。他写道，由于农村新的经济体系的出现，部分家庭迅速富裕起来，而"其他的则不然"[①]。在随后的几十年中，这一形势进一步加剧。1994年出版的一本畅销旅行指南中也指出了这一点："收入的巨大差异开始呈现，并激发了社会矛盾，再加上位于收入底层的人们的消费能力被通货膨胀进一步压制，矛盾也就更加尖锐。"[②]

也有一些西方观察家，特别是在美国，认为中国改革的进程过于缓慢，"社会主义制度的残余"太过顽固。国有企业经营不善的形象在中国经济"爆发式增长的大环境下"尤为突出，特别是在20世纪80年代和90年代。一位对中国的发展目标持支持态度的观察家曾经这样描述老旧制度特点的保留：就如同"和恐龙跳舞"[③]；另一位观察家则批评中国政府对"重工业行业"中那些濒临破产的"恐龙"的扶持。[④] 这一派观察家们非常欢迎1997年中国共产党在第十五届中央委员会上提出的国有企业改革和建立现代企业制度的举措，认为这是向"自由企业"前进的又一步，也是落后经济制度的终结。

除了"致富光荣"以外，在西方，邓小平在80年代和90年代最广为人知的一句名言就是"不管黑猫白猫，捉到老鼠就是好猫"[⑤]。与"致富光荣"不同的是，这句话有据可考，确实来自于邓小平。他在1962年7月的中共中央书记处会议上提出了这一观点。在会议上，"中国共产党的领导人决定暂

---

① Jonathan Unger, " 'Rich Man, Poor Man' The Making of New Classes in the Countryside", in David S. G. Goodman and Beverley Hooper (eds), *China's Quiet Revolution*, *New Interactions Between State and Society* (Longman Cheshire, Melbourne, St. Martin's Press, New York, 1994), p. 43

② Buckley, and others, *China*, pp. 56 – 57.

③ Rohwer, *Asia Rising*, pp. 141 – 142.

④ See James Walsh, "Red Hot, Flush with Optimism, the Emerging Economic Titan Looks to Be Growing Too Far, Too Fast Yet Again", *Time*, vol. 145, no. 7 (15 February 1993), pp. 30 – 31.

⑤ Quoted from Buckley, and others, *China*, p. 52. 这句话有着多种译法，亦可参见 John Wong, "China's Economy", in Robert E. Gamer (ed.), *Understanding Contemporary China* Lynne Rienner Publishers, Boulder, London, 1999), p. 110。

时忽略社会主义与资本主义之间的鸿沟”[①]。但这一决议惹怒了毛泽东，在后来的“文化大革命”期间，他所掌控的媒体利用这一有关猫颜色的论断来攻击邓小平，批判他背离了马克思主义和社会主义思想，而投向了资本主义。[②]

由于“文化大革命”的影响，邓小平的“猫论”更加出名了。这一论断所表明的是邓小平支持农村地区实施包产到户和市场经济的态度，并不意味着他是资本家或是资本主义的支持者。邓小平和毛泽东在关于构成资本主义的必备要素这个问题上观点不尽相同。事实上，想要定义资本主义是非常困难的，其所依赖的假定基础即使是在马克思主义的支持者和反对者之间，甚至是马克思主义者内部也有着分歧。但在关于“形象”的讨论中，定义并不那么重要，形象通常是关于模糊的想法而并非清晰的概念。

中国人口政策和形象

在中国20世纪80年代的发展过程中，有一个方面引起了广泛的争议，这就是人口问题。1980年全国人民代表大会批准实行计划生育政策，这一政策在西方既有着强烈的支持者也有着强硬的反对者。大部分西方人士都明白，如果中国想要成功地实现四个现代化，就必须控制人口增长，但也有许多人对这一政策表示忧虑，对它所蕴涵的意义更是批判。

这一政策所带来的最主要的正面形象就是，中国为了限制人口增长，做出了巨大而坚毅的努力，值得赞扬。由于中国的人口在1982年人口普查时便已经超过了10亿，且仍在不断增长，最终必然难以为继，因此计划生育政策是不可或缺的，即使它的执行将带来许多痛苦。BBC纪录片栏目《地平线》曾制作过一部名为“中国儿童”（*China's Child*）的专辑，节目展现了在江苏常州所实施的、由国家资助的计划生育监管制度。节目的最后提出了一个发人深省的问题：这一严厉的政策是否真正存在着另一种可替换的方案？

---

① Kwok-sing Li（comp.），trans. Mary Lok，*A Glossary of Political Terms of the People's Republic of China*（The Chinese University Press，Shatin，Hong Kong，1995），p. 13.

② Li（comp.），*A Glossary of Political Terms of the People's Republic of China*，pp. 12-14.

中国是世界上人口最多的国家，因此它的人口增长率的略微下降都将影响到整个世界。这对于全球环境来说有着非常正面的作用。1984年在墨西哥城召开了联合国国际人口会议，会上中国因其在控制人口增长速度方面的成就获得了高度评价，全世界也表现出了人口增长减缓的趋势。值得注意的是，中国的成就“足以弥补其他地区的失败，因为中国的数据所占的世界比重是如此之大”[①]。

计划生育政策所带来的主要负面形象则在于它违背了西方奉行的自由生育的基本人权。它涉及国家对于个体私人生活的干预。上文所提到的纪录片《中国儿童》所关注的主题就是生育监管，以确保妇女在指定的时间内生育子女且数量不会超标。这种管控一定程度上干涉了私人生活领域的个人自由，所带来的形象非常负面：它使性别选择性流产和强制性流产增加了。性别选择性人工流产主要源于中国长久以来在生育中对男性后代的偏好，这一点毛泽东在与斯诺的谈话中也曾提到过。1985年和1986年期间，美国国际发展署撤回了对联合国人口活动基金会的捐款，其理由就是美国拒绝将款项用于资助中国等项目，因为它涉及强制性流产。

强制性流产的形象曾在西方世界广为流传且被深入讨论，尤其是在20世纪80年代。不可否认，强制性流产的负面形象存在着一定的事实基础，但由于它所涉及的话题触及人们的情感，引发了人们强烈的反应，因而这些形象被不公平地扭曲和放大了。里根政府还曾计划以强制性流产为由停止向中国提供曾许诺过的经济援助，这就给这一形象打上了其他大部分形象所没有的“官方烙印”。

另一个形象，与强制性流产相比，则不那么糟糕，这就是“独生子女”症候群。许多人认为在这种政策下出生的新的一代将成为“被宠坏的孩子”，缺乏对社会的关心，只在乎自我、利益和金钱。这些“小皇帝”、“小公主”们与他们的前辈相比，生长环境非常优越，但也更为自私。

---

① Donald Wise (ed.), *Far Eastern Economic Review Asia* 1985 *Yearbook* (Far Eastern Economic Review, Hong Kong, 1985), p. 38.

那么这一政策在20世纪80年代和90年代是成功的吗？在这20年中以及其后的时间里，我曾听到不少西方人士对这一政策进行嘲讽，宣称众所周知它毫无效用。泰尔扎尼（Tiziano Terzani，1938—2004）就曾断然指出，计划生育政策不仅“太过严苛”，而且“毫无效果”①。但相反，上文所列举的例子恰恰证明这一政策确实已实现了政府的目标，即在整体上降低了人口增长率。

改革政策对环境的影响

上文中我们曾提到西方社会对20世纪80年代和90年代中国经济的发展持非常正面的态度。尽管西方人士看到了人口政策中的负面效应，但至少他们中间的绝大部分都承认这一政策有助于现代化的成功实现。但是，西方社会也指出，高速发展的经济也带来了一个突出的负面影响，即给环境带来了恶劣的甚至是毁灭性的影响。20世纪80年代和90年代，环境问题在国际上的重要性日益提升，而在这一时期，中国经济发展对环境的破坏作用也成为了最主要的西方形象。正如一本关于中华人民共和国的词典的作者所说：“自1978年以来……这个国家的经济迅速发展，自此，中国政府必须应对多重的环境问题。”②

西方的主流观点认为，中国并未能够成功地解决环境问题。1984年出版了一本题为“逝去的大地”（*The Bad Earth*）的作品，书的作者是瓦茨拉夫·斯米尔（Vaclav Smil），曾就职于加拿大曼尼托巴大学，书名源自于前文提到的赛珍珠1931年的著作《大地》，书中强调自那个时代之后中国环境极度恶化。书中批判了对水源、土地和生物资源的保护不力，也谴责了农业政策、某些地方政府的愚昧和腐败，认为这些是导致环境恶化的主要原因。③

---

① Terzani，*Behind the Forbidden Door*，p. 189.

② Pradeep Taneja，“Environmental Policy”，in Colin Mackerras，with Donald H. McMillen and Andrew Watson（eds），*Dictionary of the Politics of the People's Republic of China*（Routledge，London and New York，1998），pp. 91－92.

③ Vaclav Smil，*The Bad Earth*，*Environmental Degradation in China*（M. E. Sharpe，Armonk，Zed Press，London，1984）.

斯米尔的作品开启了一个新的话题。在 80 年代和 90 年代，关于中国环境问题最为杰出的研究者应属理查德·路易斯·埃德蒙兹（Richard Louis Edmonds）。相较于斯米尔，后者的态度虽更为审慎，但结论却更为黯淡。在一本为学生所著的书中，他这样评价中国的环境问题：

> 中国的环境质量自……1949 年以来一直处于不断的加速恶化中。人口数量的翻番……更进一步加快了森林砍伐、土地沙漠化、水土流失和水源短缺。悲观的观察家们认为当前 12 亿的人口总量已经超出了这个国家能够提供良好生活质量的承载范围……即使是最乐观的观察家也看得出，当前的人口总量和经济增长规模已经给中国的地质环境带来了巨大的压力。①

这绝对代表着主流的观点，但同时也存在着另一派看法。斯米尔的作品并没有受到广泛一致的认可和欢迎。一位批评家就抨击他忽略了中国大规模的植树造林运动和无视中国领导人所采取的明智的环保措施。这位批评家声称，以他作为一位环保主义者二十余年的经验，他所见证的中国环境状况一直较为优良，正如他在 1982 年到 1984 年间在中国所见，当时他以教师的身份在中国进行过长达 15 个月的旅行，期间穿越了 2.5 万英里的行程。此外，他还指出普通中国民众对环境非常重视："环境是他们关心的首要问题之一，因为他们了解环境与工业生产、农业增产和大众健康之间的紧密联系。"②

在这位观察家所提出的民众关注度之外，埃德蒙兹又加上了官员的关切。此外，他还提出了另外一点，这一点的重要性在 20 世纪 90 年代开始显现，在 21 世纪初尤为突出，这就是：从中国的角度来看，导致全球环境恶化的罪魁祸首是西方国家，尤其是美国，因此这些国家应当承担起扭转这一灾难性趋势的主要责任。中国等发展中国家需要追求快速的经济增长，否则它

① Richard Louis Edmonds, "China's Environmental Problems", in Gamer (ed.), *Understanding Contemporary China*, p. 237.

② Rod Holmgren, "The Bad Earth: Environmental Degradation in China by Vaclav Smil", *Environmental Review*, vol. 9, no. 4 (Winter, 1985), p. 333.

们将无法达到富裕程度，也就无力维持可持续增长和实施环保政策。①

对于中国的形象而言，最为重要的环境问题就是中国的国家象征、濒危动物大熊猫的命运。世界自然基金会的形象标识就是一只美丽的大熊猫。这是一家国际性组织，但主要被西方国家掌控，它的主要目的是保护世界的生物多样性。事实上，这个图标中是一只叫做熙熙的雌性大熊猫。

熙熙出生于1957年，原本要被送往美国的一家动物园，却被美方拒绝入境，原因在于它被打上了“共产主义商品”的标签。我们不禁要惊讶，人们怎能如此为意识形态所左右而拒绝这只远道而来、独特而奇妙的动物呢？熙熙在1958年被一家伦敦动物园购得，“直至1972年去世前，它一直是英国最受喜爱的动物明星”，在它去世时，许多民众都表示了哀悼。② 在20世纪60年代，熙熙多次登上了西方媒体的头版，因为人们希望它能够与另一只从莫斯科动物园引进的雄性大熊猫交配，但这一愿望并未实现。不过在那个时候，熙熙也许是全世界最受欢迎的中国形象代表。

到了80年代和90年代，西方世界对于熊猫的热情随着改革开放的推进日益高涨。中国为了保护大熊猫所做出的努力也得到了认可。1982年中国政府和世界自然基金会达成协议共同保护和研究大熊猫。在中国的大熊猫保护基地中，最为著名的就是位于四川省的卧龙自然保护区。它不仅仅是大熊猫的研究中心，也是一个旅游景点。能够与大熊猫合影的特权也确保了它相对良好的形象。

埃德蒙兹曾说过：“大部分的环保主义者都认为中国在自然保护区方面付出的努力太少，步伐太过缓慢。”③ 但是，他是将所有的自然保护区作为整体来评价的，而并不是单指卧龙或其他熊猫基地。我曾与前往熊猫保护区，特别是卧龙基地的游客交谈过，这些谈话给我的感受是，埃德蒙兹的观点如果用以代表西方对熊猫保护区的看法太过负面。在下一部分中，我还将继续

① Edmonds, “China's Environmental Problems”, p. 262.

② “London Zoo”, The Good Zoo Guide Online, http://www.goodzoos.com/UK%20Zoos/london.htm.

③ Edmonds, “China's Environmental Problems”, p. 254.

谈到我对卧龙自然保护区的访问。

个人感受

接下来我将讨论一些涉及经济及相关领域的个人感受，这些感受都是源自我自20世纪60年代中期至20世纪末对中国的多次访问。1964年到1966年间我曾在中国执教两年，对中国的经济也深有感触。作为外国专家，我和妻子每月的收入都由一位同事以现金的方式向我们支付，总计460元人民币。那时的物价非常低廉，这笔钱虽然以今天的标准来看非常的少，但在当时却能买到不少的东西。我常去位于北京南城的琉璃厂，在那里人们可以用非常低的价格买到古旧书籍、字画和其他物件。

相较于我的中国同事，我们的工资要高出几倍。我还记得曾探究过在这个本应以平等为基石的社会里，我的同事对于这种工资差异的看法。但他们表示应当给予外国人高于普通水平的工资，否则他们也许就不愿意为中国这个贫困国家服务了。

在中国人中间，的确存在着相当的公平性。我曾在英国居住过两年，在澳大利亚居住过多年，仅就经济方面的公平性而言，中国要胜于这两个国家。大部分人，包括党员，都不愿接受特权。领导人虽然在津贴和优待方面要多于常人，但工资方面的差异确实不大。

当时人们强调简单的生活。大家得到各自所需的物质条件后并不追求超越他人。大部分人都非常诚实，偷窃几乎是闻所未闻。官员和同事对小偷都非常严酷，但我却清楚地意识到，诚实的品行如此受到推崇并不是由于他们惧怕惩罚，而是因为人们信仰这个体系和革命。

在那个时候，旅行受到了严格的限制，外国人在没有许可的情况下不能离开所居住的城市。但我曾有机会到访过一些农村地区。当时人民公社制度依然盛行，农民们在一些精神激励的鼓舞下辛勤劳作，他们宣誓忠于毛泽东思想、忠于革命，劳动所得也是和大家共享。我曾经访问过人民公社的杰出

煤山（亦名景山），取景自故宫，拍摄于1964年10月。明朝最后一位皇帝自缢于煤山顶峰的一处亭子下。

代表——山西省大寨村，这个地区在当时被树立为典型，农村地区四处可见“农业学大寨”的标语。

我甚至还见到了大寨村的书记陈永贵。他因为忠于毛泽东思想和不畏艰险战天斗地的精神被表彰为劳动模范。陈永贵在“文化大革命”期间也是一位先锋人物，甚至在1973年到1980年还曾担任过政治局委员。但到了改革开放时期，他和大寨经验都被批判为虚报不实。

陈永贵对大寨的恶劣条件直言不讳，他对我说：“你可以看到这个地方是多么的贫困和落后。”① 公平地说，他的房屋并不比他的下属好。大寨以及我所到过的其他公社给我的感受就是公平和贫困。现在回想起来，这些都是

① See Colin Mackerras and Neale Hunter, *China Observed*, *1964 - 1967* (Nelson, Melbourne, 1967), p. 42.

大寨中的一位老妇人和两个女孩，拍摄于 1966 年 5 月。当时全国都掀起了“学大寨”的风潮，大寨党支部书记陈永贵因为坚定拥护毛泽东思想被树立为全国楷模。此后被任命为国务院副总理，但在 1980 年被免职。在 1966 年“文革”开始之前，被允许访问大寨被视为一项极高的荣誉。

合理的观点。但即使在我所到访过的最贫困的地区，我也没有见到乞丐或是营养不良的迹象。我曾以为，由于“公社”制度的存在，农民生活中也存在着某种防卫措施。① 事实证明，这是对当时形势的误判。尽管我所见到的地方生活条件非常恶劣，卫生条件也不尽如人意，我却并没有意识到就在我访问中国的几年前，曾发生过那么严重的饥荒。

谈到农村经济，“文化大革命”期间确实有一些改善。70 年代中期和晚期在农村地区旅行期间，我确认了媒体报道中提到的公社农村合作医疗制度的进步。虽然赤脚医生的模式主要依靠的是服务精神而不是专业能力，且后来日渐式微，但在当时确实是农民享有基础医疗卫生服务的唯一途径。

在 20 世纪 80 年代，我目睹了北京和其他城市居民生活的巨大变化。人们不仅是生活条件得到了改善，而且开始出国旅游，还有不少人考虑送子女出国留学，其中包括我在北京外国语学院的几位同事。我就曾帮助过几位友人的孩子通过我协助建立的交换计划去澳大利亚留学。

改革政策和对外开放意味着服务水平在整体上得到了提升。在北京和其他城市，外资宾馆和其他外资企业不断涌现。1982 年，我曾偕家人在中央民族学院进行过学术访问，其间，我们一同去了刚刚开业的北京建国饭店。这是北京第一家合资酒店，并提供融合了中西风味的美味自助餐。西方的商品和奢侈品也逐渐进入中国。

---

① Mackerras and Hunter, *China Observed*, p. 43.

在 80 年代和 90 年代期间，我在中国旅行的足迹遍布了广阔的区域，其间令我印象尤为深刻的是农村生活得到了极大的改善和丰富。1985 年，我曾到访过云南和四川的一些乡镇，我的感受也印证了奥维尔·舍尔的观察：市场上，各种食物和其他商品供应充足，质量上佳。我发现其他的外国游客也在寻访集市，并据此评判当地的经济状况。我还记得曾参观过一位农户的大房子，这位农民通过利用私人货车运送农产品而发家致富。这在早前可能会被看做耻辱的举动现在则是一种荣耀。毫无疑问，对他来说，致富确实光荣。

货车运输的迅猛发展也有着消极的一面。我在旅途中就发现，许多条件仍然不尽如人意。例如道路设施有时非常糟糕。我还记得在四川的偏远地区和其他省份，都曾因为前方发生货车的轻微事故而道路受阻，不得不在路上长时间等待。其他同样受到影响的同行人则轻描淡写地评论说："这是在中国，这种事情时常发生。"但为公平起见，我必须补充，当时已经开始出现向外籍人士开放的酒店，而且舒适便利，即使是在我曾去过的广西、云南、内蒙古和其他省份的偏远地区都能找到。

这是否就是资本主义的初级阶段呢？我的感受是，就经济现象而言，在 20 世纪 80 年代大部分西方人士认为中国和资本主义国家的差别正在日益减少，在 90 年代更是如此。这里有着一样的自由市场，一样的发展中的消费主义，一样的金钱至上、追求利益的趋势。

回首那些年，有两点令我印象尤其深刻。第一，尽管自由企业和放宽经济管制的趋势毋庸置疑，但就此认为这就是资本主义的初级阶段未免低估了国有化的程度和列宁所谓的"经济制高点"行业的干预，即主要是大型工业、运输业、银行业和对外贸易。在农村，家庭耕作的方式无疑倾向于自由企业，但土地依然归国家所有。

第二，人们对曾经被灌输的反对个人致富的思想束缚感到反感。对于清苦生活，人们已经感到了厌倦，尤其是当看到周围的人，特别是亚洲的邻居们开始享受良好的物质生活时。在我的同事、朋友和学生身上都可以看到这一点，我也可以感受到他们对于中国的发展方向的欣慰。

任何一位在 80 年代和 90 年代频繁访问中国的人都无法忽略中国对人口

和环境问题日益增长的关注。在我几次逗留期间，与我直接接触最多的就是我的学生和同事。学生大多年纪较轻，尚未达到适婚年龄，但也都意识到在不远的将来，生育几个孩子这个问题将与他们密切相关。而大部分同事则已经成家，其中一些立刻受到了计划生育政策的影响。当然，他们都是城镇居民，我在上文曾提到过，相较于农村居民，他们更易于接受计划生育政策。我的感受与我的已故好友邓安佑教授（Hugh Dunn，1923—2005）较为一致。他曾在 1980 年至 1984 年担任澳大利亚驻华大使，并曾对我说："我从未遇见过任何一个喜欢计划生育的中国人，但也从未遇见过任何一个否认它的必要性的中国人。"

在环境方面，我从邓安佑教授身上也是受益匪浅。他对于大熊猫的前途非常关注，对于其保护也非常积极。在 1985 年，他曾带领一个包括我在内的澳大利亚团队访问卧龙。当然我们不仅非常享受这次访问，而且从中获益良多。这次访问中最主要的收获就是了解到熊猫生存的最大威胁来自于其栖息地的萎缩。这个问题在一个经济高速发展、土地需求旺盛的年代并不容易解决，但只要熊猫保护基地的专家和相关政府部门通力合作，再加上国内外在专业知识、财力经费上的协助和热心支持，难题一定能够得到解决。我离开卧龙的时候对此感到非常乐观。保护区的工作人员对于熊猫所面临的威胁了然于胸，更明白世界和中国都不能失去这一可爱的动物。无论是中国人还是外国人对于熊猫生存问题的关注度都在不断增加，这一问题所吸引的世界目光也决定了它不会再次销声匿迹。在 90 年代，我还访问过四川其他保护区，也得到了相同的感受。

小　结

龙安志（Laurena Brahm）是一位非常著名的社会活动家，曾担任过多个政府的顾问，包括中国政府。他的作品涉及了中国的多个方面。在 1996 年，他曾这样评论西方媒体对待中国和中国经济发展的态度：

> 西方媒体所描绘的似乎是另一个图景。腐败、犯罪、传统价值观的缺失、知识产权的侵犯、人权——这些话题成为了西方记者的固定模板，他们所关注的也不过是无休无止的“中国问题”。尽管如此，在今天的西方，仍有一小部分记者并不认同这种否定论，且他们的人数还在增长……关键在于，在中国自1979[①]年引入经济体制改革以来，她所取得的成就超越了任何一个进行经济改革的国家，人民生活水平也得到了普遍提升。15年前开车经过荒芜的农村地区时，目之所及的都是摇摇欲坠的草棚，还有饥饿不堪、一身尘土、满目沧桑的农民。而今天，相同的一段路程却是沿着高速公路，两边是排列整齐、蓬勃发展的村落，还有健康的孩童和学校。[②]

我个人的感受，如前文所述，与龙安志所讲述的80年代和90年代中国的进步基本一致。我也赞同他对于西方媒体否定态度的评判，这一点曾多次出现在他的作品中。但是，在他所列举的负面话题中，我注意到它们多为社会和政治方面，而非经济方面。在我看来，西方媒体和观察家们对于中国经济进步和人民生活水平提高的认可度要高于中国发展的其他方面。

不过这种倾向性依然是假定了西方的优越性。在西方世界看来，将改革开放与其他时期区分开来的经济标志就是中国明确地从计划经济体制转向了由市场主导的经济体制，他们认为这一点与初级资本主义并无二致。这一方面如此吸引西方社会就在于它证明了，最终，西方的经济体制依然要优于其他经济体制。

---

① 原文如此。——译者注

② Laurence J. Brahm，*China as No 1*，*The New Superpower Takes Centre Stage*（Butterworth-Heinemann Asia，Singapore，1996），pp. 53 - 54.

第七章

21 世纪中国经济、人口政策以及环境问题的形象

从整体上来看，经济形象是中国西方形象中最好的几个领域之一：中国经济持续增长，充满活力，并有可能成为世界经济的强心针。到 21 世纪的第一个 10 年结束时，世界其他地区都深陷危机，唯有中国独善其身，这一形象也得到了进一步的强化。与此同时，也存在着一些负面观点。许多西方人士认为，中国试图以西方国家利益为代价来发展自身经济，其中之一的例证就是中国以更低的劳动力成本抢夺了西方国家的工作机会；此外中国还通过操纵汇率来损害西方国家，特别是美国的经济。

中国在环境方面的形象在 21 世纪急剧恶化。在某种程度上，这是由于在新世纪，相较于 20 世纪末，环境问题在政治维度上的迫切性日益明显，其表现形式将在本章中详细讨论。中国人口政策的西方形象相较于以往则并未恶化，反而略有改观，因为人口数目越大，对环境的不利影响就越严重。

在第五章讨论中国的政治和整体西方形象时，我们曾提到 2001 年由于“9·11”事件的发生成为了一个分界点。同一年也可以被看作是经济形象的分水岭，其缘由则是另一个事件：中国在 2001 年底加入了世界贸易组织。不难看出，取得“世界贸易组织的成员国身份……是改革时期的中国追求市场、现代化和常规化过程中的一个重要的里程碑”[①]，也是中国与世界融合的标志。

这一时间段的国际背景形势在第五章中已作论述，且涵盖了经济和环境方面，在此除了强调 2011—2012 年欧洲债务危机的严重性外，其他就不再赘述。第五章中关于 21 世纪初期形象如何形成的讨论也与本章有所关联。最后，由于第六章中对我的个人感受已作全面阐述，这一章只在零星地方有所陈述。

---

① Jacques deLisle, “China and the WTO: Evolving Agendas of Economic Openness, Domestic Reform, and International Status, and Challenges of the Post-Accession Era”, in Tun-jen Cheng, Jacques deLisle and Deborah Brown, eds., *China under Hu Jintao, Opportunities, Dangers, and Dilemmas* (World Scientific, Singapore, 2006), p. 230.

西方对于中国经济增长的看法

也许在 21 世纪早期所有的中国西方形象中，最为积极的一点就是快速增长的经济。正如一位热心的商业观察家所评论的，“在西方，几乎没有人能够充分预测到中国在世界经济中日益增长的重要性”①。提及西方的预测也只不过是再次强调了中国蓬勃发展的经济在国家形象中的重要地位。

在西方世界，无论是从商人身上，为西方所掌控的国际组织的官方报告里，还是那些博闻强识、见解独到的记者和学者的评论中，都不难看出他们对于中国持续不断的经济增长的热情。知识渊博、广为人知的学者傅高义（Ezra Vogel）的评论就突出地表现了这一点。他曾为邓小平作传，并在这部鸿篇巨制中这样写道：“我们所了解的是，在 1989 年政治风波之后，中国一直保持着相对稳定且快速——甚至是惊人——的经济增长。”② 2012 年世界银行在其报告的前言中开篇便写道：

> 中国在过去 30 年中的经济增长是卓越非凡的。这是一个独特的成功发展的故事，为其他想要复制这一成功模式的国家提供了宝贵的经验——其中包括许多要素，如调动区域主动性和跨区域竞争，与世界融合，适应新型技术，建设世界级的基础设施，以及充足的人口投资。③

许多数据都可以证明中国杰出的经济表现。中国有着世界上最庞大的财政储备。中国的经济很快就会超越美国。关于这一超越的具体时间有着诸多猜测。经济学家、诺贝尔奖获得者罗伯特·福格尔（Robert Fogel）曾做出过

---

① James McGregor, *One Billion Customers*, *Lessons from the Front Lines of Doing Business in China* (Free Press, A Wall Street Journal Book, New York, 2005), p. xvii.

② Ezra F. Vogel, *Deng Xiaoping and the Transformation of China* (The Belknap Press of Harvard University Press, Cambridge, Massachusetts, and London, England, 2011), p. 638.

③ World Bank and Development Research Center of the State Council, the People's Republic of China, *China* 2030, *Building a Modern*, *Harmonious*, *and Creative*, *High-Income Society* (Conference Edition, World Bank, Washington, DC, 2012), p. vii.

一个 30 年的预测，即将这一时间点定在了 2040 年。他在一本极具影响力的杂志上发表文章，开篇便提出中国经济规模到 2040 年将达到 123 万亿美元，这一数字几乎是 2000 年整个世界经济产出的 3 倍。在文章的第一段，他评论说："中国所占全球 GDP 总值的比重（40%）将超越美国（14%）和欧盟（5%）"成为世界最大经济体。[①]

如果从普通民众的角度来看待这一惊人的数据，它所意味的就是生活水平的大幅提高。许多记者调查和学术报告也都强调了这一点。2005 年，CNN 播出了一部名为"看中国"（*An Eye on China*）的电视系列片，其中一辑由获奖记者史丹·格兰特（Stan Grant）执掌的纪录片就展示了这个昌盛的社会，其中民众生活水平提高的速度令人咋舌。[②] 在此我想再一次引用福格尔的话。他在 21 世纪初对中国人民的生活水平做出了这样的评判："今天，数以亿计的中国人民所享受到的生活要远比 1989 年舒适，他们所能接触到的世界各地的资讯和观点也超越了中国历史上的任何一个时代。"[③] 所以，繁荣昌盛的社会所代表的不仅仅是舒适安逸还包括信息的获取。2005 年我在中国执教期间发现，所有的学生都有手机，能够使用互联网，可以轻松获取他们需要的信息，这让我印象颇为深刻。而在那之后，手机和互联网在中国的普及率又进一步提高了。

与高速发展的经济相关联的另一个形象就是中国成为了"世界工厂"。2009 年 10 月，在全球经济危机爆发大约一年后，《财富》杂志的一位撰稿人做出了一个非常具有代表性的评论："在 21 世纪的第一个 10 年里，中国已将

---

① Robert Fogel, "$123 000 000 000 000 * * China's Estimated Economy by the Year 2040. Be Warned", *Foreign Policy* (January/February 2010), web version at http://www.foreignpolicy.com/article/2010/01/04/123000000000000.

② See CNN, "Navigating the New China", first telecast on *CNN*, 14 May 2005. "看中国"系列由 CNN 和财富全球论坛在 2005 年 5 月联合推出。在这个为期一周的系列中还包括一个名为"CNN 评论：中国的崛起"的小组讨论。这项讨论向公众开放，由著名的获奖记者吉米·克兰西主持。讨论也展现出了中国的繁荣以及迅速提高的生活水平。

③ Vogel, *Deng Xiaoping*, p. 638.

自己建造成了世界工厂。"[①] 谢淑丽（Susan Shirk）曾这样写道："中国已经成为了全球的制造基地，就如同英国在19世纪晚期一样。"她接着补充说："如果我们每一个人都清查一下我们的衣物、家具和家用电器，就会发现其中有许多东西都是中国制造的，而且它们的价格要比20年前的商品更为便宜。因为在那个时代，中国的制造业还未兴起。"[②] 谢淑丽的评价让我想起了我的一个学生。当他来到澳大利亚的时候不由惊叹："我在商店里看到的每一件商品似乎都打着'中国制造'的标签。"

西方主流观点认为，大部分中国人都在国家经济增长中有所得益。一方面，中产阶级开始出现，但中国中产阶级的独特之处在于他们不仅安于现状而且支持共产党的领导。[③] 另一方面，中国在缓解赤贫方面也取得了令人瞩目的成果。关于中国在过去30年中所取得的惊人成就，2012年世界银行的报告就是一个有力的佐证。报告中指出了两点：中国GDP年均增幅达到了10%，以及"超过五亿的人口脱离了贫困"。[④]

但是，不断扩大的贫富差距也是中国经济的西方形象之一，且在一定程度上比20世纪更为突出。除了展现中国部分区域的蓬勃发展外，史丹·格兰特在CNN节目中还记录了贵州贫困地区农民的生活。对于自己在这场走向繁荣的大潮中被遗落的遭遇，这些农民表示担忧。此外，许多官方文件，包括世界银行2012年报告，也都提到了收入的不均。若以标准基尼系数计算，这一差距自20世纪90年代中期至2005年一直在不断扩大。尽管肯定了中国经济的持续增长，世行报告也指出相较于其他欧洲国家，中国收入差距悬殊，财富分

---

① Bill Powell, "It's China's World. (We Just Live in It) After a Shopping Spree for Natural Resources, the Chinese are Shifting to Automakers, High-tech Firms, and Real Estate. Where Will they Strike Next?", *Fortune Magazine*, on *CNN Money*, 8 October 2009, web version at http://money.cnn.com/2009/10/07/news/international/china_natural_resources.fortune/index.htm.

② Susan Shirk, *Fragile Superpower* (Oxford University Press, Oxford, New York, 2007), p. 16.

③ 慕捷慕指出，"中国城市中新兴的中产阶级几乎和中国共产党一样认可现状"。见 *The China Fantasy, How Our Leaders Explain Away Chinese Repression* (Viking, New York, 2007), p. 53。

④ World Bank, *China* 2030, p. xv. 这一评语摘自世行报告摘要的第一段，可见它的重要性。

配不均。① 曾有一本教科书以一整章的篇幅来讨论到2004年止"不断扩大的区域差异所带来的不良趋势"，并将其批判为"引起政治分歧的因素"②。虽然这本教科书的目标课程原本计划在中国香港开设，但课本却以英文写成，且两位出版商中较为重要的一位是英籍美国人，因此它是西方观点中的一部分。

严重的不均并不是中国经济唯一的负面形象。还有部分人士批判中国银行系统没有能力应对改革和增长的规模。一个常见的负面形象是中国存在着"泡沫经济"，随时有可能崩盘。尽管大部分西方商人都迫切地想要与中国进行贸易，也有一部分人因害怕投资受损、脱身不及而裹足不前。许多西方人士虽然认可中国政府对可持续发展问题的关注，但也疑虑中国的经济增长能否无限期地持续下去。③

在第六章，我曾提出过一个问题：中国在20世纪80年代和90年代是否转向了资本主义？在21世纪初期，在西方看来，中国无疑已经成为了资本主义或者正在向其转变。一位与中国有着长期联系的美国记者、企业主管将其代表性地称作"社会主义的灭亡和资本主义的兴起创造了一个既有穷人也有富人的社会"④。西方大部分人士不是将中国经济定义为"具有中国特色的社会主义"，而是选择将其称作"具有中国特色的资本主义"。这一看法是片面的，因为西方社会总是倾向于将自己的制度看作是正统制度，将市场经济看作资本主义的专有物。在2008年发表的一份关于中国经济的重要学术研究也将这一说法选作了书名。这份报告将中国城市和农村区域区分开来，提出在21世纪，资本主义在农村要比在城市更为发达，且"中国转向资本主义"的重要驱动力来自农村企业。⑤ 例如，国际经济协会于2008年1月在中国香港

---

① World Bank, *China 2030*, pp. 301 - 302.

② Wang Shaoguang, "Uneven Economic Development", in Czeslaw Tubilewicz (ed.), *Critical Issues in Contemporary China* (Routledge, London and New York, Open University of Hong Kong, Hong Kong, 2006), p. 109.

③ 例见一本教科书"绪论"中的评论部分：Czeslaw Tubilewicz, "Stability, Development and Unity in Contemporary China", Tubilewicz (ed.), *Critical Issues in Contemporary China*, pp. 8 - 9。

④ McGregor, *One Billion Customers*, p. 10.

⑤ Yasheng Huang, *Capitalism with Chinese Characteristics, Entrepreneurship and the State* (Cambridge University Press, Cambridge, New York, 2008), p. xvii.

召开了一个英语语言的圆桌会议，主要讨论中国和越南的“市场和社会主义”，会议记录随后在西方国家出版。与会人士一致认为这两个国家都是“或多或少的市场经济”，且二者都不能被称作社会主义体系。① 虽然这次会议并没有进一步断定中国是资本主义，但实质上已经暗示了资本主义成分的存在。

中国经济增长对外部世界有何意义?

我们现在从中国国内经济的西方形象转向中国高速发展的经济对外部世界的影响，特别是对西方国家。这其中存在着一些非常正面的形象，也有一些重要的负面形象，最为关键的争论焦点在于中国长远的经济成就是否符合西方国家的利益。正如第五章所讨论的一样，“中国威胁”这一问题显得既重要也充满了争议。

在西方观点中，中国经济的重要性是毋庸置疑的。正如一位权威人士所写的：“拿破仑·波拿巴曾经将中国比作‘沉睡的巨人’，在我看来这位‘沉睡的巨人’已经苏醒，并正全力发动21世纪全球经济增长的引擎。”② 这一观点非常乐观，也极具代表性，无论是在学术著作还是普通作品中都时有出现。

在21世纪，西方商界再一次为中国庞大的消费者数量所吸引，只不过这一次，数目不再像以往一样以亿为计量单位，而是更多。《十亿消费者》一书就为那些想要和中国做生意的商人们提供了乐观而热情的建议。作者坦承人

---

① János Kornai and Yingyi Qian, “Introduction”, in János Kornai and Yingyi Qian (eds), *Market and Socialism in the Light of the Experiences of China and Vietnam* (Palgrave Macmillan, in association with the International Economic Association, Baskingstoke, England, and New York, 2009), p. 9.

② John Saee, “International Investment Strategy in China, Opportunities, Prospects and Challenges Confronting Multinational Corporations and Global Entrepreneurs”, in John Saee (ed.), *China and the Global Economy in the 21st Century* (Routledge, London and New York, 2011), p. 1.

口统计学家也许会对书名有所挑剔，但“关键的是‘十亿’这一总量”，因为它代表着“众多的中国民众在等待着成为西方商品的消费者”①。在下面的引文中，我们可以看到另一位作者也提出了相同的观点，即中国不仅拥有庞大的人口，而且他们都有能力且有意愿购买西方商品。

> 对于众多的跨国公司来说，确保在中国的市场份额是他们全球商业战略中关键的一步。原因很简单，这个国家的增长潜力已经远远超出了世界上其他任何国家。此外，它还是世界上人口最多的国家，不仅拥有庞大的消费者基数，而且他们大都富裕、世俗、乐于消费。②

为了满足这部分消费者的需求，几乎在中国每一个城市都开设有西方大型超市和连锁店，出售外国普通商品或奢侈商品。

中国经济全球影响力的西方形象在21世纪的第一个10年中得到了迅速提升。2001年底加入世贸组织使得中国的重要性急剧增强。首先，它通过降低商品价格，刺激零售市场，提振了美国经济。同时，中国还成为了美国国债的最大持有者，并“因此保证了美国政府在财政赤字的情况下持续运作而避免了增税”③。

当全球金融危机在2008年底愈演愈烈引起世界性焦虑时，似乎只有中国有能力对痛苦挣扎的西方施以援手。一份主流报纸评论说：“这场危机从根本上改变了世界经济地图”，中国在其中成为了最大的受益者。④ 美国总统乔治·W·布什在2008年11月中旬召开了二十国集团峰会。当时一个非常流行的说法是：“当邓小平在1978年将中国引上经济改革的道路时，西方经济

---

① McGregor, *One Billion Customers*, p. xviii.

② Juan Antonio Fernandez and Laurie Underwood, *China CEO*, *Voices of Experience from 20 International Business Leaders* (John Wiley and Sons [Asia], 2006), p. 167.

③ Curtis Andressen, "World Trade Organization", in Linsun Cheng (general editor), *Berkshire Encyclopedia of China* (Berkshire Publishing Group, Great Barrington, MA, 2009), vol. 5, p. 2470.

④ Landler, Mark and Stephen Castle, "At the Washington Summit Meeting, China Holds the Cards", *The New York Times*, 14 November 2008, web version at http://www.nytimes.com/2008/11/14/business/worldbusiness/14iht-summit.4.17840955.html?pagewanted=all.

学家都声称'唯有资本主义才能救中国'。整整30年过去后，一些专家又提出'唯有中国才能救资本主义'。"① 如此具有讽刺意味的言语在10年前都是难以想象的，但它显示了中国在西方假想中的强大程度。这里需要强调的是，西方所指代的不仅仅是美国，而是所有西方国家。

但是这些卓越的形象也有着消极的一面。随着中国的崛起，西方对其怀有疑虑和紧张情绪的人数也有所增多。2005年5月，CNN在"看中国"系列节目播出的同时进行了一项民意调查，询问受访者"世界在中国作为一大经济体的崛起中，是受益更多还是惧怕更多"。69%的受访人士认同前者，而31%的民众选择了后者。但是，美国广播公司与《华盛顿邮报》在2011年1月13日至16日进行的联合调查却显示了截然不同的结果。民调询问："从经济层面看，有一些人将中国看作是新兴市场和投资机遇，也有人认为它是美国就业机会和经济安全的威胁。你更倾向于哪一方观点?"结果是，选择机遇的占29%，选择威胁的占61%，选择两者皆是、两者皆不是或是不确定的占10%。②

这种紧张情绪的来源是经济增长与国家整体实力之间的联系。中国购买如此庞大的美国国债在一定意义上不也就意味着中国成为了美国的重要"庄家"吗? 一位观察家预测，在购买力方面中国将迅速超越美国成为世界上最大的经济体，并写道，毫不夸张地说，"中国的崛起是一个分水岭，它将改变全球图景，就如同美国在一个世纪之前成长为全球经济、政治和军事的主导力量一样"③。当然，过去曾有过另外一派重要的观点，且在今天也依然存

---

① 例见《经济学家》杂志上的一份简报，*The Economist*："China's Economy-Reflating the Dragon，Can the World's Fastest-growing Economy Avoid a Sharp Downturn? The Global Economic Summit-After the Fall"，*The Economist*，13 November 2008，at http://www.economist.com/node/12606998。《经济学家》杂志总部位于伦敦，具有高度的影响力和权威性。

② PollingReport.com，"China"，at www.pollingreport.com/china.htm.

③ Oded Shenkar，*The Chinese Century*，*The Rising Chinese Economy and its Impact on the Global Economy*，*the Balance of Power*，*and Your Job* (Wharton School Publishing，Upper Saddle River，NJ，Pearson Education，Harlow，England，2005)，p. 161.

在，即认为中国在可预见的未来无力在经济和其他方面与美国抗衡。① 但是，上文所引述的美国广播公司和《华盛顿邮报》共同发布的民调数据却显示有许多人对中国感到紧张焦虑。这一趋势对中国并无益处。

两个相关形象

在关于中国经济的众多不利形象中，有两点格外突出，而且二者还相互关联。其一就是中国刻意操纵人民币汇率。压低人民币估值就使得中国商品的价格转换为西方货币后较低，特别是对于美元和欧元。因此，由中国向西方出口就更为低价和容易，反之则不然，中国的贸易顺差也得以扩大。其二，中国以较低的劳动力成本吸引了西方企业将工作外包到中国，导致西方发达国家丧失了许多工作机会。无论是货币“操纵”（这本身就是一个贬义词）还是工作外包都是非常复杂的问题，可以从不同的角度来看待，但这两者在西方都被高度政治化。特别是在美国，政客们常常利用这两个话题来赢取选民的支持，即使这意味着激起民众对中国的负面看法也在所不惜。

这两个问题还处于持续发展中，且我们在第六章就曾提到过，但它们在21世纪变得更加重要，尤其是中国进入世贸组织后与世界经济的融合进一步加强了。自2003年起，美国前财长约翰·斯诺（John Snow）便多次与中方官员会晤并试图敦促人民币升值，特别是在2005年10月下旬访华期间，他曾就人民币重新估值问题与中方商谈，但最终无功而返。中国略微调高了人民币的汇率，但与西方预期却相差甚远。很显然，中方不愿屈从于美国或任何国家的压力而允许市场力量来决定人民币的汇率。《经济学家》这本极具影响力但相对反华的杂志曾在当时发表过一篇不署名文章，其中文采斐然地写道：“在华盛顿和布鲁塞尔，人们几乎都能听到咬牙切齿的声音和租借衣服的话语。”这些首都的人们为什么如此沮丧呢？因为中国刚刚宣布调高当

① 例如，参见 George Friedman，*The Next 100 Years*：*A Forecast for the 21st Century*（Knopf Doubleday，New York，2009），特别是 pp. 88 - 100；and Jonathan Fenby，“China is Deeply Flawed. Its Dominance Is Not Inevitable”，*The Guardian*，5 April 2012，web version at http：//www.guardian.co.uk/commentisfree/2012/apr/05/china-dominance-not-inevitable。

年的 GDP 增速和贸易顺差预测，这就意味着它将向美国和欧盟输出更多的低价商品。“尽管面对来自中国廉价劳动力的竞争，西方的工人们已经做好了背水一战的准备”，《经济学家》讽刺地说，“但是来自东方的祸水漫延得如此之快却不是发达国家的政客们想要听到的消息”①。

商品制造成本较低意味着价格较低。这对于购买者来说是一个好消息，包括普通的西方消费者。作为劳动者，西方民众可能会抱怨薪金的降低，但作为消费者，他们又会因为买到了廉价商品而高兴。不管在任何地方，人们都希望能够两全其美。《经济学家》也意识到了这一点：

> 不久之前，欧盟刚刚解决完令人尴尬的“内衣战争”（Bra Wars）：夏初开始，由于实施进口配额限制措施，中国制造的大批服装在欧盟海关堆积如山，而零售商却只能对着空空如也的货架望洋兴叹，呼吁解决方案。美国不断向中国施压，不仅仅是因为中国如潮水般的纺织品出口，也是由于人民币估值问题——美国一些政客声称人民币对美元汇率被低估了 40%，因此，中国商品对于美国消费者来说价格低廉、不可抗拒。同时由于美国较低的利率水平（反过来又得益于中国大量囤积美国国债），人们消费毫无节制，这就导致了储蓄降低，借贷消费增加。②

有利于制造者的方面不一定有利于购买者。事实上，许多反华的愤怒情绪都是由政客挑起的。他们希望利用贸易保护主义赢得选民的信任。在美国国会，无论是民主党人还是共和党人都对这一点大加利用，对他们所谓的中国掠夺性经济政策表现得愤愤不平。贝拉克·奥巴马在 2008 年大选中也曾利用这一话题来获取政治资本。2008 年 10 月，作为他竞选的一部分，奥巴马在他的中国立场文书（China position paper）中这样说道：“平衡我们与中国的经济关系的核心在于中国改变它的汇率机制……现状不利于美国公司和员

---

①② *The Economist* Global Agenda, “China Contemplates Change”, *The Economist*, 12 October 2005, web version at http: www. economist. com/node/5014759.

工，不利于世界，并最终有可能引发中国国内的通货膨胀。"①

毫无疑问，奥巴马对自己的判断深信不疑。但假定他相信这些观点能够帮助他赢得选举，也并非是无稽之谈。2011 年岁末，《中国日报》与盖洛普公司进行了联合调查，采访了 2007 名美国普通民众和 250 名意见领袖，结果表明，"在美国，大约有一半的普通民众和意见领袖认为中国汇率是影响美国经济形势的一个要素"②。

澳大利亚视角

前文所讨论到的形象不少也存在于澳大利亚，但这个国家有着它独特的视角，值得进一步探讨。2001 年到 2012 年期间，澳大利亚总共经历了三届联邦政府。第一届是由自由党（主要代表工业利益）和国家党（主要代表农业利益）组成的执政联盟，并由约翰·霍华德出任总理。2007 年，陆克文领导的澳大利亚工党以绝对优势赢得了选举并组建了新一届政府。在第五章我们曾提到过，陆克文会说中文且对中国相当了解。但是在 2010 年 6 月时任副总理的朱莉亚·吉拉德公开挑战陆克文，并取而代之成为了新任总理。当时形势颇为复杂，部分工党领袖担心陆克文无法实现连任。吉拉德在同年 8 月的大选中确实取得了胜利，不过优势非常微弱，凭借的仅是两位保守派议员的支持和主要来自农村地区的选票。

约翰·霍华德政府执政期间大力推动与中国在经济以及其他领域的合作，并签署了多项大额的贸易协议，特别是在资源领域。在某种程度上，澳大利亚开始对中国经济增长有所依赖，因为向中国出口矿石和其他资源并维系中国的增长已经成为了澳大利亚繁荣的一个重要因素。在工党政府的领导下，中国成为了澳大利亚最大的贸易伙伴，并且依旧是"澳大利亚经济发展

---

① Scott Kronick and Jamie Moeller, "Expert Views: The Obama Administration and China: What Does the Future Hold?", *Ogilvy Public Relations*, 16 January 2009, website at http://www.ogilvypr.com/en/expert-view/obama-administration-china-what-does-future-hold.

② Cheng Guangjin and Chen Weihua, "Survey Reveals Positive Public Attitudes", *China Daily*, 10 February 2012, web version at http://usa.chinadaily.com.cn/china/policy.html.

的关键推动力"[①]。与此同时，中国在澳大利亚采矿和其他行业的投资也迅速增加。尽管澳大利亚政府批准了来自中国的大部分投资，但却出现了几个重要的例外。其一就是中国铝业公司在2008年增持力拓公司的出价在2009年最终被撤销。另一个重要的事件发生在2010年初，澳大利亚工党政府以安全为由拒绝了通信业巨头华为公司参加澳大利亚全国宽带网络项目的投标。

这些事件的发展结果体现了澳大利亚对中国经济复杂的态度。大部分人士对于中国经济的增长都非常热情，因为它给澳大利亚经济向好和人民生活水平提高带来的益处是显而易见的。其中一个受益明显的行业就是澳大利亚的旅游业。在21世纪的第一个10年中，中国游客数量成倍增加，澳大利亚旅游协会对于下一个10年的发展也非常乐观。游客中既有参团来澳的，也有自由行的旅客。此外，中国成为了澳大利亚大学最主要的留学生输出国。这些年轻人的到来不仅给澳大利亚的高等教育部门注入了大笔资金，也给澳大利亚民众留下了良好的印象。在第五章我们曾提到，据罗伊研究所的持续民调显示，绝大部分民众都认为中国的崛起对澳大利亚有利。

相反，对于来自中国的投资，澳大利亚国内则看法不一，也不那么积极。尽管大部分人都认可中国投资给澳带来了巨大的经济效益，但他们对于控制权问题却有所顾虑，因为来澳投资的大部分中国企业都是国有企业。罗伊研究所在2008年进行的一项调查显示，90%的民众主张"政府有责任保证在澳大利亚主要的企业中维持澳大利亚的主要控制权"。在六个点名的国家中，包括日本、美国、英国，中国引起了最多的反感。[②] 在2011年和2012年，同一机构的民调显示，57%的人认为"澳政府批准了过多来自中国的投资"，其中老年人和女性的比例高于年轻人和男性。[③]

罗伊研究所2008年调查所显示的负面形象与中国铝业公司的出资有着直

---

① John Larum, *Into the Dragon's Den*: *Australian Investment into China* (Lowy Institute for International Policy, Sydney, 2010), p. 3.

② Fergus Hanson, *The Lowy Institute Poll* 2008, *Australia and the World*, *Public Opinion and Foreign Policy* (Lowy Institute for International Policy, Sydney, 2008), p. 6.

③ Ibid., p. 11.

接的关联。这一事件在当时是一个非常热门的政治话题，部分保守反对党成员还试图就此激起反华情绪。应当指出的是，尽管当时中国在澳的投资增速迅猛，但相较于其他许多国家，所占的份额仍然较小，且这一情况在 2012 年依旧如此。那些国家中不仅包括美国、英国、日本，甚至还包括荷兰、瑞士、新加坡。我个人的观点是，负面形象主要是源自于政治而非现实，且在很大程度上是无稽之谈。

上文所讨论的另外两个负面形象也和澳大利亚有关。第一，由于中国工资成本和对工作条件的要求都较低，因此相较于澳大利亚，劳动力成本也就更低，这就使得澳大利亚的就业机会有可能流向中国。2008 年 4 月 9 日，时任澳大利亚总理陆克文在北京大学以中文发表演讲，其中就提到，在澳大利亚一些人对于中国的崛起感到了忧虑，因为害怕“他们的工作机会将转移到中国”，而他们也将因此失业。[①] 一些工会领袖也表达了相同的疑虑。汇率问题在澳大利亚的重要性不如在美国，但它依然有着一定的影响力。许多人认为中国刻意压低人民币估值的做法给澳大利亚工人和产业带来了威胁。例如，在 2011 年 8 月，一家大型钢铁企业裁退了 1 400 名员工，澳大利亚工人联盟秘书长保罗·霍维斯（Paul Howes）认为这主要应当归咎于中国，并指出人民币的低估值导致了澳元汇率的走高，使得其产业丧失了竞争力。2011 年 8 月 25 日，霍维斯又在澳大利亚广播公司电台中声称，澳大利亚及其盟友应当对中国施压，以促使“人民币体现它真正的价值”。当然，他表达的是对中国负面的态度，但似乎也是在召唤一场货币战争。具有讽刺意味的是，作为工会领袖，他居然首先反对由共产党领导的中国。毫不出乎意料，朱莉亚·吉拉德领导的工党政府断然否决了他的提议，认为他所提出的贸易保护主义是危险的，此外，工会运动中也有人对于他作为一位工会领袖居然提出

① 见陆克文的英文演讲稿“Beijing University Speech by Australian Prime Minister Kevin Rudd”, *The Australian*, 9 April 2008, web version at http: //www. theaustralian. com. au/news/kevin-rudds-speech-at-beijing-uni/story-e6frg6n6-1111116015758。

美澳帝国主义联盟对抗中国而感到震惊。[①]

参与非洲与巴西事务

在第五章关于中国在非洲角色的整体形象的讨论中，我曾指出部分西方人士过于强调中国控制非洲的意愿，甚至认为这近似于新殖民主义。他们认为，从经济的角度来看，中国在这一方面的主要西方形象可以被归纳为资源榨取，换言之，西方倾向于将中国的动机解读为利益驱动，即从非洲进口自然资源为自身的经济增长积蓄力量，而毫不顾忌这一行为给非洲带来的后果。西方国家也许意识到这是它们自己在非洲进行长期殖民统治的主要原因，并以己度人，加重了对于其他国家的怀疑，认为别国也和它们一样想要瓜分那片广袤大陆上的宝贵资源。许多西方人士知道中国对非洲给予了经济援助，但他们却从未对这一点给予关注。中国参与巴西事务的西方形象也和非洲事务类似。

关于中国在 21 世纪不断增强的经济影响力，一个重要的、具有代表意义的观点来自于 BBC 的两集电视纪录片《中国人来了》。这部纪录片由贾斯汀·罗拉特（Justin Rowlatt）主持，并在 2011 年 2 月首次播出。罗拉特在上集中解析了中国在非洲南部几个国家中的经济影响力，下集则探访了巴西和美国。在两集中，他都对当地民众进行了采访，上集中还包括对部分相关中国人士的采访，下集中这部分内容则几近绝迹。

《中国人来了》这个片名暗含着威胁的意味，实质上则是危言耸听。整部纪录片的基调在于提出中国参与他国经济事务虽然给当地带来了经济发展，但也损害了当地的产业和环境。上集中虽然承认了中国在非洲部分区域受到欢迎，但重点却在于强调中国并没有试图为非洲居民提供就业机会，而且大量中国移民的迁入也好像将要接管当地一样。下集中则完全忽略了公平的视

---

① See Patrick O'Connor, "The Australian Workers Union, Steel Sackings and Anti-China Chauvinism", *World Socialist Web Site*, Published by the International Committee of the Fourth International (ICFI), 25 August 2011, website at http://www.wsws.org/articles/2011/aug2011/howe-a25.shtml. 这篇文章引用了霍维斯在澳大利亚广播公司电台所作的评论并对他进行严厉抨击，认为他"为了抹黑中国"挑起了"保守的民族主义运动"，并指责他成为了"美国帝国主义在工会官僚机构中的代理人"。

角，片面地强调中国在经济方面的参与摧毁了巴西的发展、毁坏了当地的环境。罗拉特在片中采访了一位巴西企业家，暗指他非法许可中国榨取自然资源、破坏环境，并自诩为审判员，从头至尾记录着受访人的“罪行”。他还对一个部落族群进行了采访，并以此说明中国投资破坏了这些人赖以生存的森林。在美国的采访中，中国的罪名主要在于导致了美国部分行业的衰败，并应对此负全部责任。

在片中，一位中国企业家指出，中国是以贸易的形式购买资源，而不是像英法那样直接占领这些国家并将它们纳为自己的殖民地。对这一观点，罗拉特虽表示了认同，但给予它的篇幅却极为有限。这部纪录片中压倒性的主旨在于强调中国以经济剥削的方式摧毁了当地产业，而中国却希望以此为代价来接管全世界。当然，他没有公然号召抵制中国的渗入，但弦外有音：如果不立刻采取行动对抗中国，它将很有可能成为最后的胜者。

环境与人口

上文中我们讨论了中国参与海外经济事务所带来的生态影响，接下来我们将要关注中国环境和人口以及相关政策的整体形象。和本书中的许多话题一样，这些形象也应被放在西方政治发展的大背景下来看。前面有部分评论涉及 21 世纪频发的严重自然灾害，以及气候变化所带来的可能的国际影响。在此，有必要补充，虽然全世界对于环境问题的关注度都有所提升，但在西方国家尤为明显。2006 年 10 月，杰出的英国经济学家尼古拉斯·斯特恩爵士（Sir Nicholas Stern）发布报告称，气候变化对于经济和生态的影响要远比我们预先想象的严峻和紧迫。

哥本哈根 2009

2009 年末联合国气候变化大会召开并受到了媒体的高度关注。在这次会议中，中国在环境问题上受到了西方前所未有的围击和批评。大会最终在失望中落幕，几乎被一致认定为是一场失败的会议，会前提出的1990年到2050年期间，发达国家减排80%、发展中国家减排50%的计划最终也未能达成实质性的决议。西方领导人和活动家们将矛头对准中国，指责它阻碍了谈判和协议的进程，并在各自国家的媒体上获得了广泛的支持。① 英国能源和气候变化大臣埃德·米利班德（Ed Miliband）更是公开点名抨击以中国为首的一些国家为了各自的一己私利劫持了气候变化大会。②

这种歇斯底里的情绪受到了一位代表马尔代夫的英国人马克·林纳斯（Mark Lynas）的撰文支持。他声称自己列席了大会结束前的首脑闭门会议，并目睹了中国代表对所有重要目标数据提案投出了否决票，并称德国总理安吉拉·默克尔对于中国这种反对西方国家一致意见的做法挫败地举起了双手。③ 这篇文章在博客上引发了近千条评论，其中大部分人都指责中国，甚至还有一些人提出了更为强硬的行为，如抵制中国制造的商品。

但是，这种反华观点也并不是普遍存在的，对于这次大会也有着不同的反应。其中一派观点将失败归咎于丹麦主席，认为他所组织的内部会议劫持了大会④；其他人则指责西方国家只关注本国发展，过于自私自利；也有人认为这种“相互指责的游戏”毫无益处，缺乏建设性，也过于无礼。《纽约时报》的社论则指出大会亦有可取之处，甚至称赞中国正成为“一位为抗击气候变化做出了前所未有的努力的参与者”⑤。对于林纳斯的文章，有一则评论

---

① 例见 the editorial in *Le monde* in Paris："Une déception"，*Le monde*，20 December 2009，web version at http：//www. lemonde. fr/opinions/article/2009/12/19/deception-a-copenhague _ 1282944 _ 3232. html。

② See Martin Khor，“Blame Denmark，Not China，for Copenhagen Failure”，*The Guardian*，28 December 2009，web version at http：//www. guardian. co. uk/commentisfree/cif-green/2009/dec/28/copenhagen-denmark-china.

③ Mark Lynas，“How Do I Know China Wrecked the Copenhagen Deal? I Was in the Room”，*The Guardian*，22 December 2009，web version at http：//www. guardian. co. uk/environment/2009/dec/22/copenhagen-climate-change-mark-lynas.

④ Khor，“Blame Denmark，Not China”.

⑤ *New York Times* editorial，“Copenhagen，and Beyond”，*New York Times*，21 December 2009，web version at http：//www. nytimes. com/2009/12/21/opinion/21mon1. html? _r=1&ref=todayspaper.

引起了广泛的关注，其中这样写道（未经任何修改，完全如原文所示）：

> 所有的事件听起来都非常可信和有意思。但如果你将自己置于中国的位置上来看待这一问题——西方国家自工业革命以来制造的二氧化碳占世界总量的90%，现在中国开始发展，突然就开始控制碳排放。不仅如此，中国之所以产生如此多的二氧化碳，正是由于西方国家考虑到中国廉价的劳动力成本而将制造业输出到了那里——你就能够理解他们的观点了。①

可见在西方仍有部分人士能够以中国的角度来看待这一问题。但是，西方的环保运动多半是反对中国的，很遗憾，它们还利用哥本哈根大会这一事件对中国进行政治攻击。这次大会似乎也使得不少西方人士相信，作为一个正在崛起的国家，中国正利用它新近获得的国际影响力来挫败任何环保进步的理念和运动。一份学术研究报告在哥本哈根大会结束之后不久对外发布，其中就宣称中国对气候变化责无旁贷，也呼吁世界各国敦促中国政府及其人民承担起相应的责任。②

广义上的环境

上述这些资料不仅与哥本哈根大会的形象有关，也与中国广义上的环境的形象有关。无论如何，哥本哈根大会实质上只是一个政治事件，气候变化也只是环境问题的一个方面。在此，对广义环境的形象问题作一个简短的讨论将对我们有所裨益。这是一个非常复杂的问题，值得进行更为全面的探讨，这里限于篇幅我们就不再深入。总体上来讲，对于中国政府引入先进法规以保护环境这一举措西方部分人士是予以肯定的，但他们依然认为中国与环境相关的政策相当匮乏，现实状况也非常糟糕。正如第六章中所提到的，

---

① Lynas, "How Do I Know?".

② Paul G. Harris, "Chinese Responsibility for Climate Change", in Paul G. Harris (ed.), *China's Responsibility for Climate Change, Ethics, Fairness and Environmental Policy* (The Policy Press, University of Bristol, Bristol, 2011), pp. 231 – 232.

相关形象自20世纪80年代以来一直较为负面，到21世纪这一状况也并未得到改善。

当然也有着一些正面的形象。一位专家在一本为大学生所著的书中虽然提出了许多不足之处，但也提到中国在环境领域的投入和承诺越来越多，对这一问题的认知度，无论是在政府层面还是城市精英人士层面，都大有提升。[①] 一项研究表明，自20世纪80年代以来，中国在“限制伐木、植草植树造林、退耕还林还草、建立自然保护区以及保护濒危物种方面”都做出了努力，其最终的目的就在于全面扭转“国家生态系统”的恶化。[②] 我个人的印象也证实了城市人群环保意识的提升。北京在2008年奥运会筹备期间为改善环境所做出的努力也得到了良好的评价。我在中国各地访问期间，也充分见证了这个国家为保护环境所付出的不懈努力。例如，出于环保目的，新疆吐鲁番地区建成了大型的风力发电项目。拯救大熊猫的努力也收到了成效（见第六章），这一点在西方颇受关注。

尽管如此，中国环境方面中最为突出的依旧是负面形象。在我所认识的西方人士中就有人不愿意前往北京或者上海访问，更不用说在那里居住，因为他们害怕那里的污染会毁掉他们的健康。美国大使馆每天公布有关北京环境质量的监测数据。这些数据通常都过高，危及人体健康或是濒临这个边缘。记者、学者还有游客也常常对环境恶化做出评论，包括过度砍伐树木和毁坏森林、水土流失、沙漠化扩大以及水资源的短缺等。例如，乔纳森·芬比（Jonathan Fenby）在2012年就曾对中国做出了负面但在某种程度上却恰当的总结：“那里存在着严重的环境危机。中国北部水资源非常短缺。”[③]

---

① Richard Louis Edmonds, “China's Environmental Problems”, in Czeslaw Tubilewicz (ed.), *Critical Issues in Contemporary China* (Routledge, London and New York, Open University of Hong Kong, Hong Kong, 2006), p. 139.

② Geoffrey Murray and Ian G. Cook, *Green China*, *Seeking Ecological Alternatives* (RoutledgeCurzon, London and New York, 2002), p. 221.

③ Fenby, “China is Deeply Flawed”.

人口

由于逐渐意识到人口越多对环境的破坏越大这一现实，西方世界对于中国人口政策的印象有好转的态势。西方开始认可这一事实：计划生育政策的实施大幅减少了中国的人口。此外，西方人士也了解到计划生育政策实施的严苛程度也不再似早年。

与人口相关的所有问题中最为关键的一点就是人口对土地和粮食供给的压力。中国能否养活这么多人？一位知名的西方专家在一本学生教科书中是这样评论的：

> 自1978年以来，中国政府所取得的最为突出的经济成就之一就是最终解决了人口与粮食供给之间的紧张状况。我们完全可以合理推断，在不发生突发事件的情况下，中国在生存水平上保障国家粮食安全的永久能力是确信无疑的。毫无疑问，中国作为一个整体想要达到西方习以为常的粮食消费模式还有很长的一段路要走。但无论如何，今天生活在中国城市里的孩子，相比于毛泽东时代，拥有更好的营养和健康，这是具有启迪意义的。①

长期以来，城市生活水平优于农村地区，这是中国最为重要的现实之一。当然城市化进程加快也是中国在21世纪的西方形象之一。随之而来的既有问题也有益处。名望颇高的BBC记者凯莉·格雷斯（Carrie Gracie）曾主持过一个电视节目，其中记录了三位中国农民在六年中的生活。在这期间他们经历了大规模的城市化进程，所在的村庄也变成了城镇。当然，他们对于这个过程中所出现的官员贪腐有所抱怨。在一开始，许多人，尤其是老年人感到了失落迷茫，他们怀念过去的生活点滴和农村的生活方式，觉得在城市里难以找到合适的工作岗位也无法融入其中。然而在城市生活了几年之后，

---

① Robert Fairbanks Ash，"Population Change and Food Security in China"，in Czeslaw Tubilewicz（ed.），*Critical Issues in Contemporary China*（Routledge，London and New York，Open University of Hong Kong，Hong Kong，2006），p. 164.

他们中的大部分人都感受到了地位的提高，对生活的满意度相较于农村时代也有所提升。很少有人愿意再回到过去的生活方式了。[①] 格雷斯在节目中并没有回避城市化进程带来的负面效应，但至少对于这位观察者来说，她所展现的形象多为正面。

另一方面，计划生育政策也带来了负面形象。基于人权的立场对中国人口政策的攻击比比皆是。例如，在2011年中，《经济学家》将其苛责为"憎恶人权"[②]。为了公平起见，我们也应指出，这篇社评在博客中引发了截然相反的意见。如果我们将21世纪第二个10年与20世纪最后几年相比，这一政策所带来的一些人口统计学要素就显得格外突出。现在，西方记者和其他评论人士认为中国的年轻人不是太多，而是太少，因此将会出现现实中和潜在的劳动力缺乏。[③]

还有一个非常严重的问题就是女性"人口赤字"。2011年马语琴（Mara Hvistendahl）出版著作探讨亚洲全境和欧洲小部分区域出现的性别比例失衡问题。作品受到了广泛的关注，其中大部分是正面的反馈。虽然中国并不是唯一一个面对性别失衡的国家，但这一事实并未能软化它所带来的影响，相关形象依然极度负面。[④] 失衡所带来的严重后果之一就是过量的男性将无法找到妻子。马语琴预测说，到2020年，不少于15%的渴婚男性将无法找到女性伴侣。[⑤] 它的另一后果是这些无所归依的过量男性（有时被称作"光

---

① 这个节目名叫"世界上变化最快的地方"。它于2012年3月5日在BBC播出，并在2012年3月26日在澳大利亚广播公司电台《四海》栏目播出。

② *The Economist* leader, "Illegal Children Will Be Confiscated. The One-Child Policy Is Not Just a Human-Rights Abomination; It Has Also Worsened a Demographic Problem", *The Economist*, 21 July 2011, web version at http://www.economist.com/node/18988496.

③ 例见 Fenby, "China is Deeply Flawed"。

④ Hvistendahl, Mara, *Unnatural Selection: Choosing Boys over Girls, and the Consequences of a World Full of Men* (PublicAffairs, New York, 2011).

⑤ Debra Bruno, "One Author's Take on 'Unnatural Selection'", *The Wall Street Journal*, 13 March 2012, web version at http://blogs.wsj.com/scene/2012/03/13/one-authors-take-on-unnatural-selection/.

棍”）将可能会转向反社会行为、犯罪甚至是叛乱，给政府当局带来隐患。①

小 结

21世纪，记者、学者和其他人士在关于中国经济、环境和人口的评述中指出了这个国家的不少现实：经济增长迅猛；环境问题提出了极大的挑战；人口性别失衡不仅使西方观察家担心，也使得中国政府和普通民众感到焦虑。

与此同时，就如同我们在前几章所讨论的一样，这些西方形象中都包含着不少的政治因素。中国在环境方面的形象如此糟糕既源于中国的现实情况，也源于西方政界对生态环境的关注度不断提高。西方国家在“中国操纵货币”以及“中国的增长给西方劳工带来威胁”这两个问题上喋喋不休，既是对现实经济状况的解读，也是以中国为代价获取政治支持的一种策略。全球金融危机无疑影响并反映了中西经济力量对比的改变，影响了本章所讨论的至少部分形象。

在我看来，这一章中所涵盖的部分形象过于负面，不利于中国。例如，计划生育政策。它可能有着它自身的问题，但我认为《经济学家》贸然将其称作“憎恶人权”则太过不公。依我之见，如果没有实施计划生育政策，中国人口过剩的问题将会比现在严重得多。从某些方面来看，中国在21世纪所取得的进步要比西方形象中所认可的更为重大、切实。

无论如何，本章中所讨论的形象并不逊于其他任何一个方面的中国形象。部分对于经济增长的评估甚至过于浮夸、乐观，而失去了可信度。我们不可忽略偏见是一把双刃剑。

① Valerie M. Hudson, and Andrea M. den Boer, *Bare Branches*, *Security Implications of Asia's Surplus Male Population* (MIT Press, London, Cambridge, Mass., 2004).

第八章
中国的社会文化形象

中华人民共和国的社会文化形象这个话题涵盖极其广泛，因此我们有必要对讨论的范围加以界定。本章所关注的主要是几个持续的热点问题，特别是家庭、妇女和宗教。在讨论最近一个时期的共和国形象时，还将囊括其他几个重要的方面，如互联网、“软实力”等，这些方面与早期的共和国形象并无关联。本章中形象的来源和前几章相似，但会更多地倚重于电影，而电影本身就是一种文化形式。

中华人民共和国在社会文化方面的西方形象非常复杂。它们与时间密切相关，其中基辛格、尼克松访华以及实行改革开放都可被看作是分界点；它们也因类别不同而有所差异，其中对于宗教的看法就比对于妇女问题的看法更为严苛。在社会文化形象的构建中有一个关键的因素，即西方文化本身，特别是主导国家美国的文化。

宗教，作为一个例证就很好地阐明了这一点。美国，在很大程度上，建筑于对宗教自由的渴求之上，这一点至今依然在它的自我想象和文化中占有重要的地位。因此，对于他国宗教形象的评判自然也就带上了美国对待宗教态度的印记。尽管由于教派、意识形态、国家和时代的不同，中国宗教问题的西方形象也会有所差异，但总体可被合理概括为：西方对于普世的宗教自由的追求深刻影响了中华人民共和国宗教问题的西方形象。

在前面，我曾提到过工会在许多西方国家具有影响力。当然在美国也有着独立工会，不过它们所发挥的影响力相较于英、法、澳则总体上较小。此外，美国自 20 世纪 60 年代起就出现了进步的社会运动，并影响到了其他所有的西方国家，或至少与这些国家里的类似运动齐头并进。民权运动在初期就是一个美国特有的现象，而反越战抗议则在多个领域孕育出了先进的思想和理念，包括对待精神追求、家庭以及妇女的态度。

20 世纪 70 年代末以前的社会文化形象

家庭与妇女，以及一些个人印象

西方对于中国 20 世纪 70 年代末以前的家庭生活的看法主要表现为第三

章所讨论的个人主义的缺失，并将其总结为一个具有侮辱性且不公平的词语“蓝蚂蚁”。它意味着家庭生活完全依附于国家，个性逐渐泯灭，家庭生活或多或少受到影响。

在20世纪50年代和随后的几十年中，美国以及大部分西方国家的主流模式都将妇女视作消费的主力。男性被看作家庭主要的经济来源，而女性则是主要的购买者，她们在邻人中保持更高的消费水平就是维系了家庭的地位身份。反观20世纪70年代末以前的中国，妇女不仅要参与工作，而且超越最低水平的消费会被强力阻止，所以用西方的模式来评价中国，形象当然极度负面。

不过更多的形象则是正面的。大部分西方人士都对中国在1950年的婚姻法中废除包办婚姻表示赞赏。对源远流长的传统伦理道德进行复兴也得到了一位基督教的高级神职人员的支持，并称赞其“为中国所有伟大的成功奠定了基石”①，其中就包括妇女解放和取缔卖淫。相较于保守作家，左翼作家则更多地关注中国社会争取男女平等的努力以及毛泽东提出的“妇女能顶半边天”的口号。不过他们也承认，这些观点在实际操作过程中过于苛刻且完全忽略了性别的差异。但是对于某些人来说，这种无性别主义却是正面的形象，因为它意味着中国妇女没有消费主义的倾向。著名的女权主义者西蒙娜·德·波伏娃（Simone de Beauvoir，1908—1986）在1995年造访中国后写到，投身工作并不是对妇女的压迫，而是给予了她们独立和“人格尊严”。②

自70年代早期起，形象变得更加正面。基辛格、尼克松访华后西方对于中国的发展趋势更为了解。越来越多的记者和学者，尤其是年轻人，逐渐接受并认同了“妇女能顶半边天”这种说法。埃德加·斯诺也评论指出，与西方相比，中国基本不存在商业化的性交易或是色情作品，并总结说：“正如一些智者对我打趣所说的，中国可谓是一个圣贤之地”③。

① Hewlett Johnson, *China's New Creative Age* (Lawrence and Wishart, London, 1953), p. 175.

② Simone de Beauvoir, *La longue marche*, *Essai sur la Chine* (Gallimard, Paris, 1957), p. 159.

③ Edgar Snow, *China's Long Revolution* (Penguin, Harmondsworth, 1974 ed.), p. 32.

在当时，追求社会进一步平等的运动方兴未艾，与此同时，新兴的女权主义思潮风起云涌，上述形象与这些思潮也是一致的。性别平等在西方受到了格外的重视。女性开始希望和男性一样承担工作，也开始要求幼儿园帮助照料孩子。中国形象的改善既源于西方态度和实践的改变，也源于中国的实际情况。

1964 年到 1966 年期间我曾在中国居住，对中国的家庭生活和妇女地位还留有一些印象。我的妻子爱丽丝就是在北京诞下了我们的第一个孩子斯蒂芬。按照中国城市的标准模式，她在产后享有 56 天的带薪休假。恢复工作后，在工作日白天斯蒂芬由一位阿姨——王同志照料。由于当时还没有实施计划生育政策，王同志自己也有四个孩子。我和爱丽丝被完全平等对待，我们获得一样的工资，同样享受“外国专家”的待遇。王同志对斯蒂芬的照料堪称楷模。

按照当时北京外国语学院的招生政策，我们的学生大多为男性，不过今天的情况则有所不同。在我看来当时我的女性同事和学生和她们的男性同胞一样具有专业性且热衷于政治，对毛泽东和他所发布的命令也一样拥护。即使有人对“妇女能顶半边天”的口号有保留意见，他们也绝不会表达出来。

对于当时北京的家庭生活，包括我所工作的单位，我也存有一些疑虑。例如说，在我的同事中大约有 1/5 的人远离各自的家庭，一年之中只能相聚几个星期。在我所参观的工厂和其他单位里，幼儿园也都是寄宿制的，孩子们只能在周末见到父母，这在当时意味着只有周日。

在北京工作的外国专家的子女，拍摄于 1966 年。图中骑在三轮车上的小男孩是我的长子斯蒂芬。他于 1965 年 2 月诞生于前门外的友谊医院，他是在中华人民共和国出生的第一位澳大利亚公民。在我和妻子工作期间，他由一位阿姨王同志代为照料。

但是，我清楚地记得，当时我认为那些所谓家庭生活完全崩溃的偏见是过度夸张且毫无依据的。到 1966 年“文化大革命”爆发离开中国时，我得出的结论是，虽然更为正式的传统家庭生活模式被弱化了，但“在可预见的将来，家庭生活在中国社会中还将起到重要的作用”①。大约半个世纪之后再看这些文字，它们似乎是不辩自明的。但在当时西方普遍观点的氛围中，以及在极端革命趋势在中国盛行的情况下，我还记得当时意识到这是一个非常敏感的话题，我的措辞相当谨慎。

宗教，以及一些个人印象

西方关于中国宗教的看法主要集中在基督教上，且绝对负面。自 1949 年以来，基督教与中国共产党之间时有摩擦发生以至于西方整体上对中国共产党都非常敌视。当然这是由于中国共产党公开主张无神论，但其中也有着重要的政治因素。

新中国成立初期，中国政府认为基督教徒和传教士有可能是西方帝国主义在中国的代理人。在 1950 年朝鲜战争爆发时，这种看法被进一步强化，尤其是在同年 10 月中国派军参战后。一些西方人士，特别是传教士们，因涉嫌为美帝国主义从事间谍活动而被逮捕或起诉。在仅仅成立一年后，新中国就在朝鲜战场上与美、英等多个国家成为了对战的双方。到 1954 年，几乎所有的传教士都被驱逐出境了，他们也成为了传播中国西方形象的先锋人群。他们坚定地相信自己在中国的作为有利于那里的人民，比如，他们建立了学校、医院以及其他慈善机构，并且在破除裹脚这种落后习俗中做出了重要的努力。

天主教徒对于中国的态度则整体上非常负面。因为中国政府并不允许教皇和国外神职人员掌控中国的天主教徒，尤其不接受由他们来任命中国天主教教堂的神职人员。1957 年中国成立了天主教爱国会，1958 年，教皇对这一

① Colin Mackerras and Neale Hunter, *China Observed*, 1964/1967 (Nelson, Melbourne; Sphere Paperbacks, London, Praeger, New York, 1967), p. 19.

天津的天主教堂，拍摄于 1965 年 2 月。尽管中国的天主教堂与罗马教廷并无交流，但天主教徒均拥有宗教信仰的自由且在当时此处教堂也较为活跃。但在“文革”期间这座教堂被关闭。

组织进行了谴责，并宣布中国自圣的主教不具备合法性。

西方一些人总是倾向于将中国宪法中规定的宗教自由视作一种欺骗，他们所宣称的这种“伪善”的宪法保障和“宗教压迫”的形象不仅涉及基督教，还包括佛教、儒教和道教。西方认为中国政府不仅试图压迫各类宗教，甚至还摧残以这些伟大宗教为代表的本国传统文化。

当我和妻子在 1964 年前往北京外国语学院任教时，我们二人都是天主教徒。我们在伦敦中国代办处接受面试时（见第三章）就提到了这一点，并认为最好的方法就是坦诚相对而不是刻意隐瞒或是留待到中国之后才被发现。面试我们的工作人员对此毫不在意，当我们提到我们是天主教徒的时候，他们只是简单地回答说：“那里有教堂。”①

尽管中国的天主教堂与罗马教廷并未实现共融，但在当时的北京市中心还生活着一些年迈的比利时修女。在她们修道院的礼拜堂中有一位中国神父每周日主持弥撒、倾听忏悔，并举行其他一些宗教活动和仪式。我和妻子定期参加这里的弥撒，在长子斯蒂芬于 1965 年 2 月出生后，我们也在此为他举行了由一位中国神父主持的洗礼仪式。由于当时在中国并没有澳大利亚的外交机构，相关事宜和领事职责都交由英国代办处办理，我们就在那里办理了出生登记。

① See Mackerras and Hunter, *China Observed*, p. 1.

除每周前往教堂之外，我们和比利时修女们并无太多接触。她们主要服务于在华使馆员工和其他外国的天主教徒（例如我和妻子）。此外她们还为外交官的孩子们开设了一所学校。在与修女们有限的几次接触中，我们发现她们非常和蔼、友善和慷慨，不过也十分谨慎小心。我的妻子还记得在一次偶遇中，年迈的修道院院长评论说，她希望外交官们也能像他们的孩子那样彼此和平共处。在我们离开中国后不久，1966 年 8 月，我在报纸上读到她们也全部离开了中国，其中一位因心脏病发作而去世。

我和妻子偶尔也会去其他教堂参与弥撒。在北京有一座著名的教堂——“南堂”。这是一座建于 1904 年的巴洛克风格的美丽建筑，其原址上本为一座修建于 1605 年的礼拜堂，并在 1652 年被扩建为教堂。原先的教堂旁边本是著名的利玛窦的住所，他是一位耶稣会传教士，在明朝晚期万历年间将基督教带入了中国。1965 年圣诞夜，我的妻子在这里参加了午夜弥撒。据她回忆，南堂里当时坐满了人，男女分开各占一边。

在 1966 年“文化大革命”爆发时，我尚在北京。在离开的前一个月里，我曾试图拜访多家教堂和佛教寺庙。它们大多门庭紧闭，偶尔在外墙上还会有侮辱性的字报，指责它们宣扬反动思想，进行反动活动。有关洗劫教堂、寺庙、清真寺的报道更是常见。

那么我的印象是否与前文中引述的形象一致呢？我还记得初到中国时便对佛教徒和基督教徒的活跃度感到惊讶，更不用说伊斯兰教徒了。但在另一方面，对于中国天主教徒与罗马教廷未能共融，我个人感到十分苦恼。但南堂中教众人数众多，又让我感受到这是一个非常活跃的教堂。在我工作的机构中，没有一位同事公开承认是基督教徒，我也并未迫使他们谈论这一话题。一位比利时修女死于心脏病的事件被西方媒体过度渲染，用以来宣扬中国人的可怕以及他们的体制对于天主教的压迫，但同一时期关于宗教场所遭到破坏甚至是损毁的报道大多属实。

我总结认为，中国当时对于宗教，特别是基督教进行全面压迫的整体西方形象只适用于“文化大革命”期间而不适用于“文化大革命”之前。直至“文化大革命”爆发时，我们也未看到任何压迫宗教信仰的迹象，不过控制宗

京西的五塔寺，拍摄于1964—1965年冬。

教活动的尝试确实存在，这主要是为了确保宗教不被利用来反抗国家。值得注意的是这一政策与中国的历史传统是一致的。我们不妨从相反的角度来看待这个问题，试问美国在当时是否欢迎宣扬毛泽东思想的中国人或是怀有同样目的的任何人呢？答案一定是否定的。从自由主义哲学的角度来看，以任何形式限制宗教自由都是毫无根据的，但我们也可以得出这样的合理结论：中国宗教方面的西方形象，特别是关于基督教的，受到了政治的过度影响。基督教被无端地与一个被打败了的外国帝国主义联系在了一起。

改革开放时期

在第五章，我曾提出这样一个形象，即从战略层面看，正在崛起的中国将有可能具备挑战西方霸权的能力和意愿。讽刺的是，西方衡量中国自 20 世纪 70 年代末以来所取得进步的主要社会—文化标尺居然是它与西方行为和价值观的同化程度，即我们所说的西方化程度。中国共产党和中国领导人一再重申现代化的发展目标，但西方却将现代化和西方化混淆，自认为已经实现了现代化并自视为领跑者，要将现代化传播到整个世界。因此中国正走在通往现代化的进程中这一事实（尤其是在城市区域）也就为它树立了一个非常正面的形象。

在大部分西方人士眼中，现代人有着强烈的消费倾向。改革开放期间消费主义盛行也是中国一个显著的西方形象。这种盛行在不同的生活方式中均有体现，其中包括美国快餐连锁店的引入、扩张和普及，以及购物中心、咖啡馆和时尚品位中的西方元素。现代化、消费主义、资本主义和西方化都是紧密相连的，它们对于中国城市社会和生活方式均有着重大的影响。在这个过程和模式中西方也看到了自己的影像。

这时期的形象还有着另外一面，即传统的作用。在第五章我们曾强调过游客在形象构建中的地位。形形色色的游客中，有一部分希望能够体验到最真实的传统文化。一些中国游客喜欢以现代化程度作为评判的标尺，与之相反，许多西方游客常常希望看到最真实的东西、地道的物件。[①] 这些游客的与众不同之处在于他们更热衷于传统而非现代。的确，现代化的设施、酒店、交通能为旅途增添快乐，但年轻的背包客们总是愿意追寻真正的传统。在中国，关注传统文化的旅游景点的数目也在日益增多。一些西方人士对此无动于衷，认为虽然以新颖的模式再现了过去，但终究不过是一种虚造，当然，大部分的游客对于能够切身体会这种遗产旅游感到满意。这也树立了中国在社会—文化方面的一个正面形象。

软实力

21 世纪的第一个 10 年中出现了一个惊人的发展，即中国开始积极参与

---

① See Pál Nyíri, *Scenic Spots*, *Chinese Tourism*, *the State*, *and Cultural Authority* (University of Washington Press, Seattle and London, 2006), p. 80.

并力求改善自身的西方形象。这只是一系列更为广泛的主动行为中的一小部分，其目的在于提升中国的全球影响力，尤其是在文化方面，它们被统称为“软实力”。

“软实力”这一概念是由哈佛大学教授约瑟夫·奈（Joseph Nye）在1990年首创的，并将其定义为基于影响力和号召力的实力。奈认为它有别于基于威慑的军事实力或硬实力，以及基于诱惑的经济实力。[①] 时任中共中央总书记胡锦涛在2007年中国共产党第十七次全国代表大会上首次提出这一概念，并号召中国人民“提高国家文化软实力”[②]。很显然，中国的软实力在21世纪成为了国家的发展目标之一。

中国为了提高软实力所采取的主动行为之一就是建立了孔子学院。这一机构由中国国家汉语国际推广领导小组办公室（国家汉办）拨款资助。汉办是隶属于中国教育部的下属机构，目的在于推广中国的语言文化。第一家孔子学院在2004年落户首尔，随后在世界各国遍地开花，其中有许多都是建立在西方国家，到2012年美国孔子学院的数量已达到了70家。

在西方，关于孔子学院存在着不少的争议。一些人指责它是中国政府安插在各所大学的宣传工具，具有危险性。[③] 但是值得注意的是，其他许多国家也都投入了政府财力建立海外机构用以宣扬各国的语言文化，包括法国的法语联盟、德国的歌德学院等。在我看来，中国所为不过是一个正在崛起的大国的正常行为，因此孔子学院也并没有什么险恶的目的。以“孔子”为这一机构命名是因为他是西方乃至全世界最耳熟能详的中国人，是一位著名的、享有声望的中国古代文化人物，这一命名是合理的，也是具有吸引力的。一位学者精准地写道：“中国到目前为止从这一项目中获得的影响

---

① See J. S. Nye, *Soft Power: The Means to Success in World Politics* (Public Affairs, New York, 2004), p. 2.

② Hu Jintao, “Full text of Hu Jintao's Report at 17th Party Congress” (15 October 2007), “VII. Promoting Vigorous Development and Prosperity of Socialist Culture”, web version at http://www.aboutxinjiang.com/topic/content/2011-06/27/content_5925466_8.htm.

③ See the discussion in Lionel M. Jensen, *China In and Beyond the Headlines* (Rowman and Littlefield, Lanham, Maryland, 2012).

力和利益仅限于改变了外国人学习语言的偏好以及重塑了他们对待中国的态度。"① 即使如此，他还是承认了孔子学院作为一个形象塑造者的价值。

除此之外还有许多其他向世界传达中国声音的主动行为。通过发行了《中国日报》海外版，努力提升它的新闻机构新华社的地位，中国正以不同的方式延伸其媒体的国际触角。② 另外一个重要的步骤就是建立了多语种的中国网络电视，并在2009年底正式开通。这是一个国家性的网络电视服务商，提供互动的视听服务和电视节目。

家庭与妇女

现代化与消费主义不仅成为了改革开放时期中国形象构架中的一部分，而且它们在一定程度上取代了家庭与妇女形象中对平等和革命等问题的关注。当然不公平的现象依然存在，尤其是城市和农村发展不均衡，农村落后于城市这一状况非常突出，并引发了其他社会问题。封建落后的习俗在城市里早已消失或被废除，但在农村一些地区却被保留了下来。一项重要的研究认为，农村地区的父系家庭制度对个体保有较强的意识形态影响力，因此阻滞甚至是阻绝了城市已经成功实施的家庭改革。③ 古老的包办婚姻制度剥夺了年轻男女在自主选择配偶上的发言权，它虽然在城市已经绝迹，但在农村，即使不像过去那样普及，却在个别落后地区依旧存在。

在西方形象中，家庭事务方面的改善较为迟缓。不过中国家庭的整体形象在21世纪虽然还存在许多问题，但相较于过去却更加自由开放，且随着时代的进步会继续朝着这个方向发展。大部分的西方人士都认同一本有关中国社会的教科书所得出的结论："年轻的中国男性和女性在选择伴侣方面享受

① Jeffrey Gil, "China's Confucius Institute Project: Language and Soft Power in World Politics", *Global Studies Journal*, vol. 2, no. 1 (2009), p. 59.

② See Joshua Kurlantzick, *Charm Offensive*, *How China's Soft Power Is Transforming the World* (Yale University Press, New Haven and London, 2007), pp. 63 – 65.

③ Margery Wolf, *Revolution Postponed*: *Women in Contemporary China* (Stanford University Press, Stanford, 1985), p. 235.

着他们父辈不曾拥有过的自由。"[1] 对待性的态度也大为松动，婚前性行为比过去更加普遍，不过在性这个问题上，社会却将更多的道德责任加在了女性身上而非男性身上。离婚比过去更为容易，无论是对于男性还是女性，不过离婚率依然低于西方国家。同性恋现象，虽然长期得不到社会和官方的承认，但开始“在一些城市中逐渐显现出来"[2]。

女性形象当然是上述的家庭形象中的一部分。如果关注改革早期的妇女形象就会发现她们不再以毛泽东时代革命妇女标志性的简洁朴素、毫无美感的衣衫示人。相反，中国女性成为了消费者，“尤其是年轻女性……很快就接纳了新的价值观和西方观点"[3]。她们打扮得妩媚动人，即使是那些希望提升自我社会地位的女性也是如此。和以往一样，女性希望进入职场，不过是以一种西方能够理解的方式进行，此时中国的情形与西方已经较为相似了。

负面的形象在过去和现在都比较少，但依然存在。例如，随着自由化程度的提高和社会消费主义的兴起，卖淫现象又死灰复燃。卖淫作为世界上最古老的职业，其重现并不出乎人的意料。

在改革早期，多本学术著作曾讨论过中国共产党对妇女地位的影响。它们大多以女权主义的立场来写作，这一社会思潮在当时的西方大学和其他领域都极具影响力。总体上来说，它们的主旨是贬低或否认当时中华人民共和国妇女地位的改善，其中的代表性人物就是马乔里·沃尔夫（Majorie Wolf）。在《改革滞后》（*Revolution Postponed*）一书中她指出改革的政策违背了妇女的权益，她们被一再要求为这个国家的整体利益作出牺牲；妇女革命因为男性主导的共产党而被滞后了。[4]

---

① Xiaowei Zang, “Family and Marriage”, in Xiaowei Zang (ed.), *Understanding Chinese Society* (Routledge, London and New York, 2011), p. 40.

② Jieyu Liu, “Gender and Sexuality”, in Xiaowei Zang (ed.), *Understanding Chinese Society*, p. 59.

③ Susan H. C. Tai and Jackie L. M. Tam, “A Lifestyle Analysis of Female Consumers in Greater China”, *Psychology & Marketing*, *Psychology & Marketing*, vol. 14, no. 3 (May 1997), p. 287.

④ Wolf, *Revolution Postponed*, especially p. 26.

妇女形象上的另一个里程碑是1995年在北京召开的联合国第四次世界妇女大会，以及同期在北京怀柔召开的非政府组织妇女论坛。这两次会议，尤其是前者，非常重要。在这次妇女大会上世界多国政府发表了声明并对未来的发展作出了蓝图规划。但是对于西方世界来说，在这次大会上出尽风头的却是美国前第一夫人希拉里·克林顿。她在会上宣布："如果这次大会要传达出一个信号，那就应该是人权就是妇女权利……妇女权利就是人权。"[①]

这次大会所树立的形象得到了一些非常积极的回响。一个非常好的例证就来自于龙安志，我们在第六章中曾提到过这位社会活动家。他这样写道：

> 1995年在北京召开的世界妇女大会给西方提出了几个问题。代表们来到中国原本是想告诉中国，西方的妇女已经得到解放，并准备将自己的经验传授给她们的中国共产主义姐妹。许多人都未曾料想中国在这一方面已经与西方步调一致——考虑到中国的封建传统一直延续到这个世纪[②]上半叶，她们所取得的成就更为卓越。
>
> 尽管西方妇女在两性平等方面更为进步，西方社会对自由性行为的开放程度也超过了中国，但在大会上没有任何人有立场批判中国社会妇女所取得的进步，无论是在商业领域还是政治领域。[③]

龙安志进一步引用数据证明了中国妇女在职场和权势高位中人数的增长，也表扬了中国城市家庭中两性平等的程度。

但是，另一派非常强硬的态度则是以此次大会为借口来报道中国各种迫害人权的现象，包括对女性的奴役以及将女性视为商品。[④] 在当时的一段时

---

① Hillary Rodham Clinton, "First Lady Hillary Rodham Clinton Remarks for the United Nations Fourth World Conference on Women Beijing", China, September 5, 1995, *feminist. com*, http://www. feminist. com/resources/artspeech/inter/hill. htm.

② 指20世纪。——译者注

③ Laurence J. Brahm, *China as No 1*, *The New Superpower Takes Centre Stage* (Butterworth-Heinemann Asia, Singapore, 1996), p. 53.

④ 例见 Seth Faison, "Women as Chattel: In China, Slavery Rises", *New York Times*, 6 September 1995, http://www. nytimes. com/1995/09/06/world/women-as-chattel-in-china-slavery-rises. html? pagewanted=all&src=pm。

期内，孤儿院里孩子们的生活状况也被西方媒体大幅报道，以树立不利于中国的形象。孩子们在孤儿院里忍受着非常恶劣的条件，其中绝大部分都是女孩。这是由于我们在第六、七章中所讨论的计划生育政策和传统观念导致惨遭遗弃的多为女孩。

到了 21 世纪，中国妇女的地位和待遇主要都为正面形象了。纪思道和伍洁芳这对曾获得普利策奖的记者夫妻档，在前文中也曾被引用，包括他们对中国的严厉批评和对中国妇女地位的记录。在 21 世纪他们将关注的目光投向了发展中国家对妇女和女孩的压迫，宣称这是我们这个时代最普遍的违反人权的行为，并成为了积极的妇女权益运动家。对于中国在这一方面取得的成绩，他们予以了赞赏。这一观点在他们 2009 年出版的畅销书《半边天》中得以充分体现，而这本书的书名正是缘于毛泽东的口号"妇女能顶半边天"。最让我惊讶的是，在书的护封上，他们对中国对待妇女的态度给予了高度评价："以中国为代表的国家之所以能够繁荣发展正是由于它们解放了妇女并将她们引入了正规的经济体制中来。"①

21 世纪第一个 10 年中所进行的调查也显示出了类似的形象改善以及女性更高的经济参与度。2003 年到 2005 年，悉尼大学的一位学者采访了私营商业领域不同族群的女性，并得出了以下结论：

> 性别不平等依旧存在于多个领域，如教育、就业、政治参与以及家庭内部。但是，对于一些特定族群的女性来说——那些对企业拥有所有权或是领导权的女性，尤其是在私营经济领域——她们周围的环境似乎表明女性在中国经济改革中曾经发挥、正在发挥且必将发挥至关重要的和不断提升的作用，即使不被承认或不被重视。②

① Nicholas D. Kristof and Sheryl WuDunn, *Half the Sky: Turning Oppression to Opportunity for Women Worldwide* (Alfred A. Knopf, New York, 2009), cited on the book jacket.

② Minglu Chen, *Tiger Girls, Women and Enterprises in the People's Republic of China* (Routledge, London and New York, 2011), p. 180.

关于家庭和妇女的个人印象

关于中国家庭和妇女在改革开放期间的形象，我个人的感受也印证了上文所论述的形象的转变和整体的改善。当然，我的经历主要局限于城市地区，但从我关于农村的所见所闻来判断，那里的妇女状况也应有所好转。尽管违背妇女权益的落后传统一时难以根除，尤其是在农村地区，但现代化所带来的改变已在各地悄然兴起，且在不断加速中。

在我自20世纪80年代以来教授的中国学生中，一个明显的变化就是女性逐渐占据了优势，且这一趋势越来越突出。21世纪初我所教授的一个班级中绝大部分都是女性（仅就此个案而言）。她们与我印象中过去的学生相比，整体上更加自信也更加勇于表达自己的观点，包括一些与官方不一致的看法。她们更加尊重长辈，例如说，在择偶这个问题上，她们比西方人更乐于听从父母的反对意见。早期的学生就曾提过，他们在选择配偶时，必须征得父母的同意才能做出最后的决定。

认为性别差异决定了家庭和社会职责不同这一观点在所有的社会里都较为常见。但在毛泽东时代的中国，马克思主义的盛行弱化了这一观点，因为马克思主义更为强调文化和社会对行为的决定作用，而忽视了性别以及其他与“人类天性”相关的因素。马克思主义思潮对西方女权主义也曾产生过重要影响，并导致按照性别划分工种和职责这一模式被逐渐认为是没有必要或是有所危害的。不过在我看来，当今中国的发展重新接受了“人类天性”这一原则，尽管现代化所带来的影响意味着妇女社会地位的提高，她们中的一部分甚至开始担任高级职位，但中国人似乎理所当然地认为男性和女性有着不同的技巧和长处。理论指出女性在语言学习方面更有天赋，因此在语言类大学中有更多的女性学生甚至是女性职员也就不足为怪了。还有人曾告诉我女性更能胜任教师这一职业，因为她们更有耐心，因此师范类院校中女性也较多。反之，在工程、科技、理科院校中男性则占更大比例。

政府机构在招聘时通常都会基于完全平等的原则来对待男性和女性；与

之不同的是公司常常较为公开地表示希望接收男性，并告诉女性申请者只有在没有合适的男性候选人的情况下她们才有可能获得职位。这其中的理由是，女性一旦生育了孩子就会给公司带来不利影响，因为相较于男性她们会将更多的精力放在家庭而非事业上面。这一观点在中国正在逐渐改变，但中国人对它的接受度依然远远超出西方国家。这种做法在西方被看作是歧视，因而是违法的。

一些西方人士基于这些因素就总结认为，与西方相比，中国在两性平等方面依然比较落后。但是，我也记得曾有一位美国女性在中国见到了一位女性工程师后非常震惊，因为这一类型的工作在美国通常都由男性来承担。整体上来说，我对于改革开放时期中国家庭和性别问题的印象和前文引述的龙安志的观点基本一致。

宗教和传统思想

关于改革开放期间的中国宗教，西方的主流观点认为宗教活动虽然依旧受到了国家的管控，但在很大程度上有所恢复。美国发布的关于人权方面的声明就尤为关注宗教管控，其中基督教依然是重点，其他几个宗教也受到了高度关注并影响到了中国的形象，包括藏传佛教和伊斯兰教。

基督教在中国存在着一些独立于政府机构之外的地下教会，它们主要依靠国外输入的《圣经》和其他援助，因而受到了西方的关注，任何想要关闭它们或使它们噤声的尝试都被视作是对人权的侵犯并受到了谴责。传教士们依然在西方，特别是美国有着较强的影响力，他们总是把加入地下教会的教众看作是与政府相对立的受管控者，因而美国的政治人物和名人屡屡指责中国对宗教信仰进行“迫害”，不过类似的情况在其他西方国家则不常见。

在改革开放时期的宗教活动中，佛教也是其中的一个重要部分，但在西方看来，它也代表了中国的宗教压迫。但是，与藏传佛教不同的是，一般佛教由于和西方以及传教士缺乏联系，相比于基督教，它一直比较低调。不过佛教却是中国最为重要的制度性宗教，到 20 世纪末共有 20 万僧侣丘尼以及总计 30 万认定备案的教职人员。①

另一个受到广泛关注的对象是中国的传统思想——儒家思想。我将它称为“传统”而非“宗教”，是因为有一个声势浩大的思想流派认为它并不是一个真正的宗教，不过这一争论与我们的讨论并无关联。和谐的态度和中庸的思想都源自于儒家文化，它所倡导的以和为贵、融合共处、天下大同等观点从 20 世纪 80 年代起便影响了中国在西方的形象。

到了 21 世纪，时常有报道主张儒家思想在中国全面复兴。它既可以作为共产主义思想的一个竞争对手，也可被看做一种共存的理念形态，且这一理念植根于中国传统，有其精华之处。贝淡宁（Daniel Bell）也许是有关中国当代儒家思想最为著名的西方作家②，他指出中国政府对于“和谐”、“和谐社会”的强调就源自于儒家思想。得到了官方认可的新儒学宣扬了家庭伦理规范，主张侍老奉亲的孝道，受到了社会的广泛认可。由于它的传统渊源和道德影响力，它树立了一个正面的形象。不过贝淡宁的一个主要结论却引起了较大的争议。他尽管认为新儒学将“取代现状下的社产主义”，却坚定地相信中国的儒学未来“并不是西方式的自由民主”③。正如我们在关于政治和未来的讨论中所见，这一论断与西方主流意识形态的理想抱负截然相反。

互联网的形象

在第五章，我们曾讨论过互联网在塑造中国西方形象中的作用，并指出发达国家使用互联网人数的比例要高于世界其他地区。现在我们将要讨论中国互联网的西方形象。尽管在互联网普及率上中国还远远落后于美国，但它已经成为了这个世界的绝对领跑者，且这一数据在近年一直保持高速增长，不过增长率有所下降。

---

①② See Yunfeng Lu, “Religious Influence in China”, in Zang, *Understanding Chinese Society*, p. 133.

③ Daniel A. Bell, “China's Leaders Rediscover Confucianism”, *New York Times*, 14 September 2006, web version at http://www.nytimes.com/2006/09/14/opinion/14iht-edbell.2807200.html.

中国互联网络信息中心是经中国政府批准建立的一家非营利性机构。据其公布的数据，到2011年12月底，中国互联网使用人数达到了5.13亿，占总人口数的38.3%，相较于上一年增长了4个百分点。美国同一时期的互联网使用人口比例为78.2%。①

网民上网多在三个地点：家、网吧和工作单位。第一批网吧建于20世纪90年代中期，在网吧上网的人数比例一直持续上升，直到2010年底这一趋势仍未改变。1999年在网吧上网的人数约为3%，但在2009年这一比例上升到了约42%。② 网民绝大部分都非常年轻，据2007年数据，50%以上的网民在24周岁或以下，只有1%的人超过了60周岁。③

关于中国的互联网，在西方主要存在着三种形象。

首先，中国是一个现代化、全球化、网络化的社会，并且经历了“信息革命”。“作为一种媒体，”一位权威人士这样写道，“互联网是在全球化背景下无国界世界的一大例证。”④ 这是一个令人震惊的现象。中国在几十年前还如此落后，即使是在今天也有着大片的贫困地区，可是就是在这样一个社会里，这种现代化、全球化的现象——互联网的接入人数却在如此短暂的时间里以如此惊人的速度增长。这一点无论是在西方观念中还是以任何标准来衡量都是令人叹为观止的成就。

在这期间，我曾多次来到中国执教，对于我的学生如此迅速地就融入了互联网世界我也非常惊讶。在20世纪90年代他们中间只有极少数的人拥有个人电脑，而到2010年末几乎人手一台。不仅如此，他们中越来越多的人拥有了手机，其中不少具备上网功能。在这一方面，他们显然比我更为擅长，

---

① Michael Kan, “China’s Internet Users Cross 500 Million”, *PCWorld.in*, 17 January 2012, at http://www.pcworld.in/news/chinas-internet-users-cross-500-million-61392012.

② See Helen Sun, *Internet Policy in China, A Field Study of Internet Cafés* (Rowman & Littlefield, Lanham, 2010), p. 201.

③ Ibid., p. 226.

④ Liu Kang, “Media Boom and Cyber Culture: Television and the Internet in China”, in Kam Louie (ed.), *The Cambridge Guide to Modern Chinese Culture* (Cambridge University Press, Cambridge, 2008), p. 330.

我也常常因为现代交流工具的繁杂功能要向他们请教。

第二个重要的形象就是互联网极大地拓宽了人们的视野和信息自由度，特别是在年轻人中间。以下这段文字来自于一篇关于中国文化的综述，并由西方最负盛名且最具有影响力的出版商之一发表出版：

> 互联网在中国最为重要的作用就是成为了新闻来源的另一渠道。互联网创造了一个新型的出版机构，并与世界沟通网络相互连接。它跨越了中央集权的国家出版机构和以市场为主导的地方出版机构之间的障碍，打破了跨国出版机构和国内出版机构之间的鸿沟。①

全球化的趋势在当今世界已是不可逆转，随之而来的还有自由度的大幅提升。一项关于“网络社会”的比较研究认为，互联网在中国意味着“在一个集权社会里寻求自由的技术”②。中国网民成为了狂热的博客使用者。他们对于各色事件进行评说，有时所表达的观点与政府观点分歧很大，这种方式在过去是绝不可能的。

尽管自由度大幅提升，有关中国互联网的第三个西方主要形象却是审查制度。在互联网进入中国后不久，西方媒体就开始报道政府的干涉，以及它们对互联网进行管控的尝试。考虑到互联网的全球特性，许多人都怀疑中国政府能否按照它所期望的程度对互联网进行审查。与此相关最为著名的一个事件就是谷歌在 2010 年 3 月退出了中国大陆市场，并声称其原因在于它拒绝配合中国政府的审查制度。③ 在这场关于谷歌退出中国的争论中，大量的西方媒体站在了谷歌这边，并将这一事件与所谓人权和言论自由联系到了一起。一位记者陈述说，美国的右翼团体和左翼团体“因为共同的理念联合在一起，他们认为过去对于网络利益的冲动追求一度掩盖了他们对于中国人权

---

① Liu，“Media Boom and Cyber Culture”，p. 331.

② Jack Linchuan Qiu，“The Internet in China：Technologies of Freedom in a Statist Society”，in Manuel Castells（ed.），*The Network Society*，*A Cross-Cultural Perspective*（Edward Elgar，Cheltenham，UK，Northampton，MA，2004），pp. 99 - 124.

③ 谷歌退出中国的原因在于它要求超越中国法律而取消在其他国家也同样存在的审查制度，该制度旨在阻止威胁国家安全、宣扬色情等信息的传播。——译者注

状况和言论自由限制的担忧"[①]。谷歌的这次撤出最终只是暂时的，但这并没有阻止这场争议对中国西方形象的损害。

在与各类西方人士，尤其是年轻人的探讨过程中，我有一个非常深刻的感受，即对于中国政府对互联网进行管控和审查，人们的反应不仅强烈而且态度非常负面。许多人对于中国政府这一举措感到遗憾。因此，尽管当代中国社会比以往更为自由，与全球社会的信息融合更为流畅，所代表的形象也更加突出和正面，但在光辉之下总有着一点点负面的阴影，因为西方世界认为在互联网这一点上政府阻碍了融合的进行。[②]

电影的形象

我们现在将关注从互联网这种重要的媒体形态转向另一种文化展现形式——电影。它实际上与互联网有所关联，因为现今电影很多时候是由网上下载观看，无论合法与否。这里我们讨论的角度也将与前文有所不同，我们考虑的将并不是中国电影所希望展现给世界的形象（如互联网部分所讨论过的方式），而是西方电影所展现的中国形象。

由电影引申出来的艺术与形象领域极为广泛。歌剧《尼克松在中国》就取材于美国总统 1972 年访华的破冰之旅，剧中塑造了周恩来这位见识卓越、仁爱高尚的外交家的形象，将毛泽东描绘成一位深邃的哲学家，而江青则被塑造成一个叫嚣不断、凶暴残忍的恶妇。对于这部歌剧，在此我们不多作评述，因为尽管它的首次公演时间是 1987 年，但剧中的背景时间却在本部分讨论的范畴之外。此外还有画作、戏剧以及其他种类的艺术作品也可以被分析和解读，用以展现相关的、有趣的中国西方形象，但它们中大部分都是高雅艺术。它们可能是优秀的甚至是伟大的艺术作品，但相较于受众广泛的大众艺术，它们对于中国形象的意义则较为薄弱。

---

① Michael Wines, "Far-Ranging Support for Google's China Move", *New York Times*, 14 January 2010, http://www.nytimes.com/2010/01/15/world/asia/15china.html.

② 西方的这种看法是片面的，其实考虑到国家安全及色情犯罪等问题，西方国家本身对互联网的审查也是很严格的。——译者注

就对于大众群体的影响力而言，电影是最为重要的一个文化类型。它涉及广泛，既可以表现政治形象也可以表现特定形象。在第四章中我们讨论过的电影《红色角落》展现的就是关于中国政治和法律的形象。特别具有影响力和受欢迎的类别是功夫类电影。2008 年上映的电脑动画功夫片《功夫熊猫》，发行范围广泛，观影人数众多，具有较强的形象塑造力。它在整体上树立了一个非常有利于中国的正面形象，但由于这个故事发生在中国古代，所以也不属于本书的讨论范畴。

我所选择的一部具有代表意义的电影作品是 2010 年版的《功夫小子》。这部电影拍摄于 2009 年，主要在北京取景，且故事发生的年代为当代。它翻拍自早前几部同名的美国功夫片和电视剧，其中第一部在 1984 年上映，背景设在美国，讲述了一个“失败者”小男孩的故事。这个男孩诸事不顺、屡受欺凌，幸而遇见了一位来自冲绳县的移民，并从他那里学习了空手道用以保护自己。

2010 年版的《功夫小子》将故事的主要场景设置在了北京，片中突出展现了老北京街区的宏伟景观、故宫还有长城。一个 12 岁的非裔美国小男孩德雷·帕克［贾登·史密斯（Jaden Smith）饰］因为失业的母亲在中国重新找到了工作而随母亲一同来到中国。他与同学之间产生了矛盾并遭到了他们的痛打。随后他结识了所居住公寓的修理工韩师傅（成龙饰）并师从他学习中国功夫用以自保。在这个过程中他还获得了一位拉小提琴的聪慧少女的芳心。在故事的最后，德雷击败了曾经欺负他、令他惧怕不已的男孩并赢得了北京一项重要武术比赛的冠军。

这部电影广受欢迎，尤其是在年轻的男孩中，并获得了影评人的好评，票房成绩也高奏凯歌。中国政府允许了它在中国的拍摄，并将其译为《功夫梦》。这显然是一部非常具有形象塑造力的电影。

那么它所展现的是怎样一种形象呢？影片中的中国干净整洁、气势宏伟，经济也繁荣发展，即使是在美国面临失业的非裔美国人在此也能轻松找到工作。中国人遵纪守法、服从权威，那个拉小提琴的女孩不仅聪慧勤奋而且慷慨大方。全片的主旨在于展现外国人学习中国文化。主角德雷能够用中文交流，而且就读于一家中国学校（北京中学），而不是只针对外国学生的国际学校。在电影的最后一幕中，观看比赛的人群都为这位掌握了中国传统武术的非裔美国少年鼓掌欢呼。这是非常正面的形象，因为西方普遍认为中国人轻视黑人，并且在体育竞技中只支持本国的选手。当然，片中最为正面的形象是那位表面上看是普通修理工实则是杰出的武术教练的韩师傅，特别是由中国标志性的演员成龙来担纲扮演这一角色。

但在我看来，这部电影中的中国形象也并不是全为正面的。恃强凌弱的男孩就是一个普通的中国少年，片中他的老师也过于好斗，反复强调不可对对手心软，甚至为了取得胜利发出指令让参加决赛的学生打断德雷的腿。

很显然，这部电影所提倡的是中美两国人民应视对方为朋友，而美国人也应尽力了解中国文化。片中的形象绝对正面，但潜藏的信息却是美国人应当随时保持警惕，因为中国人可能稍具危险性。

小　结

本章所讨论的话题中包括对自由尤其看重的互联网和宗教。在这一方面中国的西方形象还有所欠缺。例如，一个主要在 2008 年春天进行的民意调查采访了 24 个国家的 2.4 万名民众，其中包括许多西方民众，在他们中间只有 30％的受访人认为中国政府尊重其公民的个人自由。①

不过不可否认，中国的文化状况在过去的几十年里，尤其是在 21 世纪，有了很大的改善。与之相对应的是中国在文化方面的西方形象也得到了很大的提升。中国政府为提高自身软实力所做出的努力也初见成效，切实地扩大了中国在海外的国际影响力。去海外的中国游客人数也有所增加，并在整体

① Kohut, Andrew, Richard Wike, Erin Carriere-Kretschmer, Juliana Menasce Horowitz, and Kathleen Holzwart, *Some Positive Signs for U. S. Image*, *Global Economic Gloom-China and India Notable Exceptions*, *24-Nation Pew Global Attitudes Survey* (The Pew Global Attitudes Research, 2008), web version at *http*: *//www. pewglobal. org/files/pdf/*260. *pdf*, p. 61.

上留下了较为良好的印象。的确，中国游客比较喜欢自我抱团或是更愿意与当地华人交流，而与之相反，西方游客，特别是年轻的背包客，则更愿意融入到当地居民中去。不过固守自己的圈子似乎是大部分游客的普遍模式。

形象的改善还从文化领域延伸到了社会领域。20 世纪 50 年代和 60 年代常见的古板单调的中国劳动妇女形象与 21 世纪魅力彰显的职业妇女形象之间可谓是天差地别。西方也承认，相较于毛泽东时代，宗教活动的限制减少，也更加活跃了。

正如前文多次阐明的一样，现实状况随着时间的前进确实有所改善，而中西方的融合则在某种程度上促进了更为良好形象的建立。事实上，由于西方将现代化、西方化和全球化看作是一个整体，也使得政治成为了形象改善的助力。改革开放时期，中国妇女形象相较于过去有所不同且大有提升，这既是源于中国的发展状况也是源于西方妇女生活状况的改变。但就社会—文化形象而言，政治同时也起着掣肘、负面的影响。

与前面几章有所不同的是，本章将中华人民共和国时期作为一个整体来讨论。可以清晰地看到中国的西方形象在改革开放期间确有改善，但与此同时，受各种因素的影响，改善的幅度受到了限制。尽管中国的自由度已经有很大提升，西方却认为它应该更加自由开放。在对本章做出恰当总结时，我们依然需要强调：政治在社会—文化形象改变的过程中起到了重要的作用。

第九章
结 语

中国的西方形象在一定程度上反映着这个国家的真实状况，但本书主要论证了中国的西方形象同时还受到许多其他因素的影响，包括个人和团体的经历、意识形态、脾气秉性，还有政治局势和权力关系。也就是说，中国的西方形象不仅仅源于中国自身，同时，甚至更为重要的是来自于西方。

形象因时代、类别不同而有所差异。就类别而言，中国经济领域形象的积极转变最为突出，社会、文化事务方面也有所表现，如妇女地位就享有非常正面的形象。相反，政治等方面的不足则一再被夸大，造成了较为或极度负面的形象。此外，自20世纪80年代以来，由于中国的人权状况不符合西方定义的普世原则，相关的西方形象也一直非常恶劣。

若以时代论，20世纪70年代早期至1989年的形象要远胜20世纪50、60以及90年代。1971—1972年间发生的形象转变主要源于西方政治局势的变化。1989年变故再生，但这一次却是朝着负面方向发展。由于中国境内发生了政治风波，且这一事件的影响因西方政治局势而被渲染恶化，因而对中国形象产生了极度不利的影响。

本书中所引用的调查显示，在21世纪，关于中国的一些观点态度有所波动。高速发展的经济代表了持续正面的形象，但不可忽略的是崛起的经济使得原本在20世纪70年代早期和80年代已经迅速衰败的“中国恐惧症”再次复苏。随着中国的强大，西方世界不得不面对与过去两个世纪截然不同的局面，对于西方国家而言，特别是西方主导力量美国而言，这让它们颇感不悦。

本书的完稿时间为2012年，接下来我们将分析一下在这一年中所进行的一些民调结果。几项调查都显示美国民众对于中国的认可度有所下降。其中一项是美国广播公司新闻节目与《华盛顿邮报》的联合调查。在2012年2月进行的这次调查访问了1 009名受访者，结果显示只有37%的民众对中国持正面态度，相较于2011年的42%有所下降。① 由在美华裔精英组成的百人会

① 有趣的是在18～29岁年龄组中，有60%表达了积极的态度，而在30岁以上的年龄组中，只有30%表达了积极态度。民意调查结果见ABC News/Washington Post Poll，“Poll Marks Challenges in U.S.-China Relations”，Langer Research Associates，p.2，at http://www.langerresearch.com/uploads/1127-16a1ChinaFavorability.pdf。

也曾委托第三方进行过一项非常详尽的调查，其中涉及美国 1 000 名“普通大众”和 400 位商界精英、意见领袖和政策制定者。这项调查不仅仅包括简单的正面或负面态度，还囊括了一系列其他问题。尽管它的结果不一定完全准确，且因与其他调查存在相悖之处，引发了质疑，但它所提供的详尽细节仍值得我们认真看待。无论如何，它的结果都显示了自 2007 年以来中国形象在所有族群中都有所改观。在 1 000 名“普通大众”的代表中，正面态度由 52%升至 55%，负面态度则由 45%降至 37%。相同的变化在精英族群中也有所体现且更为明显。①

另一项有趣的调查是由 BBC 组织进行的，涉及 22 个国家的 2.4 万名民众。其结果发现对中国持正面态度的人数比例自 2011 年以来由 46%上升至 50%，其认可度已经超越了欧盟。这 22 个国家遍布世界各地，不仅仅包括西方国家，中国也是其中之一。另外，对中国认可度提升最明显的国家分别是英国、澳大利亚、加拿大和德国。②

百人会的调查还发现，在 2007 年至 2012 年期间，认为到 2032 年中国将成为世界超级大国的美国民众比例由 23%升至 26%，而认为美国将维持相同地位的人数比例则由 49%降至 46%。同样的变化也反映在商界精英、意见领袖和政策制定者中。这就意味着虽然还有较多的民众认为美国到 2032 年将持续维持其世界第一超级大国的地位，但面对中国，人们对于美国领导地位的信心正在逐渐丧失。③

将中国视作现实存在或是潜在军事威胁的观点也有所减弱。但在 2012 年仍有超过 50%的普通大众和 73%的意见领袖将中国视作潜在威胁，不过视中国为严重威胁的人数比例在这两组中分别只占 17%和 12%。④ 据我看来，这些数据说明在那些认为中国到 2032 年将取代美国成为世界超级大国的受访人

① Committee of 100, *US China Public Perceptions*, *Opinion Survey* 2012 (The Committee of 100, New York, 2012), pp. 7, 20.

② BBC News World, “Europe Less, China More Popular in Global BBC Poll”, 11 May 2012, http://www.bbc.co.uk/news/world-18038304.

③ Committee of 100, *Opinion Survey* 2012, p. 28.

④ Ibid., p. 31.

中，大部分都认为这一威胁来自于经济和文化方面而非军事方面。

尽管这些数据意味着相较于前几年形势有所改善，但仍然不容乐观。如果真如BBC数据所显示的，改革给中国带来的巨大变化以及为促进交流和信息沟通所做出的巨大努力仅仅只在世界一半的人口中树立了中国的正面形象，那么这还远远不够。我认为数据所表现出的形象的有限改善应当和绝大部分中国人民整体生活水平的大幅提高并列来看。

前文所提到的美国广播公司新闻节目与《华盛顿邮报》的联合调查还显示，在1989年4月，即政治风波发生前不久，80%的美国人对中国持正面态度。仅仅几个月以后的1990年3月，这一数据降至39%。[①] 鉴于我们所了解到的政治风波对于中国西方形象的影响，这一巨幅下降也就不足为奇了。但同一份调查却显示这一比例在2012年继续降至37%。这一数据就值得探讨了。到2012年，中国人民对于这个国家虽然时有抱怨，也许甚至更为频繁，但中国整体的局势却更见自由、繁荣和轻松，简言之，大有改观，是过去无法比拟的。在2012年对中国持正面态度的美国民众比例继续下降这一结论在我看来是难以置信的。最为合理的解释也许就是长期以来中国状况的改善已经远远超越了其西方形象的提升。

中国西方形象背后的因素

这一命题提出了一个重要的问题：什么塑造了形象，或者，形象为何如是？以下仅为众多因素中的一部分。

首先是中国自身的现状。大部分中国观察家们所撰写的报告、拍摄的短片和照片都是基于他们的所见所闻、所读所感。他们很少会凭空捏造或轻信不实之言。其中大部分人都足以胜任他们的工作，许多更是资历出众、恪尽

① ABC News/Washington Post Poll, "Poll Marks Challenges in U.S.-China Relations", p. 2.

职守。对于事件的观察或是对于中国的调查他们也拥有相当的独立性。

但是本书几乎每一个章节都显示出了中国的现实状况之外还有其他的因素影响着它的西方形象。其中之一就是第一章中雷蒙·道森提出的西方个人和团体“有意识的利益和潜意识的需求”①。如果对他国的崇拜符合一国的利益，这将极有可能影响到对这个国家所抱持的态度。在中国曾有过愉快经历的个体相较于其他人更有可能持有积极的态度；善于包容和接纳的个体与那些固守成见的人相比多半不会对不熟悉或是不寻常的环境感到排斥。在本书中曾列举过数位作者预测中国将发生难以想象的灾难，这也许表明了某种心理状态或是性格特征。无论我们如何努力，没有人能够完全摆脱成长教养以及背景环境所打下的烙印。

即便是在全球化的今天，中国文化依旧和西方文化存在着很大的不同。所有的文明都存在一种相同的倾向，即在其成员社会化的过程中使之确信自身的文化要优于其他文化。因此在一个西方人与中国接触伊始难免会以自身背景和意识形态中的假设作为标尺对其进行评价，并认为中国文化有所欠缺、怪异不同，因而认定它较为低劣。但是，同时还存在着另外一种心理状态，即认为“他者”因为与众不同而充满了异域情调，有着可取之处。这也许是一些西方人士将中国视作典范的原因之一。这一思维模式在18世纪非常普遍，今天依旧常见却不再盛行。西方和中国虽然都在反复声称需要彼此学习，不过以我观察西方人士看待中国态度的经验来看，不熟悉的“他者”更易于被消极对待而非积极看待。

中国的形象塑造不仅仅涉及西方个体及组织，还包括那些散居在海外的中国人。由于他们熟知中国的形势，他们必然会影响到中国的西方形象，这种影响有时是正面的，有时是负面的。

本书的大部分章节都曾提到西方政治本身在中国西方形象的塑造中所承担的重要角色。基辛格、尼克松1971年、1972年的访华以及就“西藏问题”

---

① Raymond Dawson, *The Chinese Chameleon*, *An Analysis of European Conceptions of Chinese Civilization* (Oxford University Press, London, 1967), p. 2.

指责中国仅为其中的两个例证。还有一个具有高度争议的话题便是中国人权的重要形象。

西方国家经常谴责中国的人权状况。本书多个章节都曾对此做出过评议，并就此展现了西方政治在中国形象塑造中所起到的作用。2010 年詹姆斯·派克（James Peck）的一本相关著作首次出版，其中就提到了政治的作用，不过他的结论与主流观点有所不同。他分析了人权机构的角色地位，包括 1961 年成立的“大赦国际”，并批判这些机构过于拘泥于人权的法律定义，仅关注个体的公民权利和政治权利而忽略了经济以及社会不公。他进一步评论道：

> 和人权学者、拥护者所宣称的相反，中国从来就不是一个真正的“人权例外”。世界各地的人权组织都公然追随华盛顿全球战略的步伐——这只不过再一次证明了美国国家安全考量与人权态度演变之间的紧密联系。纵观 1949 年以来美国对华的整体战略就不难看出这一现行策略以及它的真实意图。①

换言之，派克认为人权学者和拥护者从一开始就受到了美国对华整体战略的不当影响。

人权问题不仅仅证明了政治的作用，它还很好地支持了第一章中所引用的米歇尔·福柯的理论，即社会体系中的权力关系影响着社会态度的形成。这并不是否认观察家们的思想自由，事实上有不少西方记者、学者或是其他人士都接纳了与传统思想不同的观点态度，这恰恰说明了他们国家的高度自由，派克本人和本书的作者都是很好的例证。但是福柯的理论说明政府有能力且确实发挥着政治影响力，因此自由不能仅仅从表面上判断。政治的影响并不会阻碍一些陈词滥调的形成，而这些陈见，相较于事实，更多的则是符合某些特定社会团体的利益需求。

当然，政治的作用是多方面的。不仅仅是西方政府在发挥政治影响力，

---

① James Peck，*Ideal Illusions*，*How the U. S. Government Co-opted Human Rights*（Henry Holt and Company，New York，2010），p. 132.

中国政府也对信息进行管控，筛查向国内外公布的消息。中国的审查制度在前文第八章中已有论述，且这一点在西方的报告中也常常被重点提出，在此便不再赘述。

如第一章所述，福柯的权力关系理论不仅适用于不同社会体系之间，也适用于它们各自内部。社会内部的权力构架在一定程度上影响着社会态度，此外一个社会对另一个社会的看法也取决于它们之间的相互地位。西方自殖民地时期以来便占据统治地位，这也助长了它们的优越感。

“文化大革命”期间，杰出的西方历史学家史景迁曾出版过一本著作评述来到中国的传教士、殖民主义者和技术人员，指出他们曾对中国产生了浓厚的兴趣并在那里花费大量的时间以期按照自己的意图改造中国。“他们享有如此权力［来改变中国——作者按］，因为他们拥有能力、信仰和动力。当时的他们，实际上，是站在世界的顶端。”① 不可否认，史景迁所讲述的是一个已经逝去了的时代。尽管他相信在他写作之时这种态度已有所转变，但他依然怀疑还是有一些西方人士依然保持着与过去相同的殖民假想。他们这种态度，用爱德华·萨义德的术语来描述，深受“东方主义”的影响。

正如我在前文，特别是第五章中所提到的一样，即使是在史景迁作品出版几十年之后，这种西方的优越感，或是东方主义，依旧非常活跃。评论家们在面对中国的经济和政治发展时也许会有所称赞，但他们仍然假定西方的模式更为优越，中国需要向西方学习。

但是原来那种认为强大的西方可以倚仗权力关系的对比以东方主义的态度傲视中国的想法已不再可行。在过去的几十年间，中西力量对比的天平早已发生了剧烈的转变并倒向了中国一边，而且这一转变很有可能还将持续。与此同时也存在着新的问题：一个崛起的中国激起了西方的焦虑甚至是恐惧，因为中国的壮大挑战了符合西方利益需求的现存秩序。这对中国的形象又产生了负面的影响。任何处于领先地位的人都不希望被超越，相比于那些

① Jonathan Spence, *To Change China, Western Advisers in China* 1620-1960 (Little, Brown and Company, Boston, Toronto, 1969), p. 293.

并未面对危险的人，这些认为自我地位和重要性受到了挑战的人会更加顽强地固守他们的位置，这不过是一种常见的心理反应。

对于中国西方形象的形成要素的分析说明了它们不仅仅来源于道森所说的中国的“客观现实”[①]，还来自于西方本身。西方和中国同为主体和客体。问题是：中国的西方形象到底是存有偏见还是过于美化，或者它们是客观合理的？

如何回答这个问题取决于一系列因素。现实中既有偏向各方的报道也有较为公正的描述。不过从本书我的论述中可以清楚看出，我认为在西方的观点态度中对中国还是存在着很多偏见的。以下我将再次摘录詹姆斯·派克的评论，其中代表着我的观点并且更加清晰透彻：

> 如果以过去300年作为标准进行评判，中国公民现在所享有的是前所未有的经济和人身自由。不平等或有存在，发展也尚不均衡，各种挑战层出不穷，但是为了改变这个国家所作出的惊人努力却由内不断迸发出来，尽管这并不完全符合西方人权观点中对于改变的想象。但是，无论是西方国家安全体系的建立还是人权组织的指责，都表明他们忽视了中国人民在特定的历史背景下以自己的方式完善自身社会的努力。他们很少意识到这种努力源自于这个国家长期以来不断抗争的传统，且这个拥有着精妙深奥文化的社会在过去的一个世纪中已经经历了不断的改变。无论是对于中国还是其他国家而言，缺乏绝对中心的多极世界所意味的并不是对于公平追求的减弱，相反，它应当是使所有强国都感到具有挑战性和压迫感的人权愿景。世界本当如是。[②]

如何改善形象？

在讨论过塑造形象的因素后，另一个值得考虑的问题就是：中国能否改

---

① Dawson, *The Chinese Chameleon*, p. 2.

② Peck, *Ideal Illusions*, p. 176.

善自身形象，如果可能的话又如何改善？

既然现实影响形象，那么一个显而易见的改变形象的方法就是改变自身的状况。正如派克在前文中所精辟指出的，这是一个长期的事业，且主要依靠中国人民自己完成。西方人士可能会有所贡献，但应当是在中国人民的指引下进行，否则将适得其反。

但是，如果形象更多地受制于西方的发展而非中国的进步，那么它的改善在很大程度上就不在中国的掌控之中，但中国仍然可以有所作为。中国领导人和其他人士在过去几年中为提升软实力所做出的努力（详见第八章）就是很好的证明。

我们不妨来看另一个极具说服力的例证。在西方，纸质报纸的出版已是日薄西山，正不断为电子和互联网媒体所取代，由此引发的报刊新闻行业进入衰退期的抱怨甚嚣尘上、不绝于耳。为多伦多《环球邮报》撰稿的一位记者就评价认为在西方顶级报刊的记者中弥散着黯淡的氛围，他写道：

> 代表中国官方声音的《中国日报》，在 1981 年创刊之初受众所及仅包括当时在华的极少数西方人士，可如今它已经走向了全球化。它的成功拓展受到了一些当前为资金所困的西方媒体品牌的帮助，如《环球邮报》（2010 年中加建交 40 年之际它与《中国日报》合作出版了特别版块）和《华盛顿邮报》（它出版一份由《中国日报》编辑全权编撰的名为“中国观察”的“收费副刊”）。①

也许同样令人惊叹的还有这篇文章在博客上所引发的评论。仅有一小部分民众对于这种话语权的转移感到惋惜或是出声反对中国。相反，大部分人都批判西方长期以来对媒体的掌控。不少人甚至质疑西方媒体是否能够，或者是否应当永久垄断国际影响力。

可见中国为提升自身软实力所付出的努力在一定程度上已有所回报。同

① Mark Mackinnon，“As Western Media Contract，the China Daily Expands”，*The Globe and Mail*（Toronto），25 June 2012，http：//www.theglobeandmail.com/news/world/worldview/as-western-media-contract-the-china-daily-expands/article4367720/.

时还存在着其他一些改善形象的方法。上文所提及的进行过民意调查的机构百人会就提振美国人对中国的看法给出了三点建议，分别是教育交流、公众外交以及领导力的培养，其中最后一点还包括引导美国年轻的未来领导人学习中文。[①] 百人会的调查还显示，与到访中国之前相比，到访过中国之后态度转为积极的人数比例大约是没有到访过中国的人数的两倍。具体地说，41%的“普通大众”在访问中国之后对它形成了更为积极的态度，15%形成了更为负面的态度，38%的民众没有改变。而在“意见领袖”中访问中国所带来的效果更为显著：多于70%的人态度向积极转变，仅有8%向消极转变，21%没有变化。[②]

这些数据说明，访问中国的学生、游客或其他人士在离开这个国家时所持有的态度比他们到达时更加正面。这就意味着增加在华的海外留学生数量和游客数量将有助于形象的塑造。遗憾的是，这些数据并没有向我们提供另一个方面的信息，即在西方的中国留学生和游客的行为是否有益于中国的西方形象。

相互交流、旅游开发、公众外交和领导力的培养在过去的几年中都取得了长足的进步，不过中文的教学扩展却有所欠缺。百人会的调查的确发人深省，但它们并不是最终结果，我们还需要更多的调研报告来确定游客、学生或是公众外交对于形象的影响。不过，以我在学生交流和旅游方面的经验来看，无论是到访中国的西方学生和游客还是在西方的中国学生和游客，对中国的西方形象所起到的积极作用都远远大于其弊端。因此尽管改善中国的西方形象前路漫漫、荆棘重重，但这绝不会是一条无望的征途。

---

① Committee of 100，*Opinion Survey* 2012，pp. 14 - 15.

② Ibid.，p. 27.

简明大事年表

（本表仅包含本书曾提及的重要事件）

日期	中国境内事件	中国境外事件
1842 年 8 月 29 日	中英《南京条约》签订	
1858 年 6 月	清政府与四国签订《天津条约》	
1860 年 10 月	英法侵略军侵入北京的圆明园，劫掠火烧，恣意破坏 清政府与英法签订《北京条约》	
1895 年 4 月 17 日		甲午战争结束，清政府与日本签订了《马关条约》
1900 年 8 月	八国联军侵占北京并击败义和团起义	
1901 年 9 月 7 日	清政府与西方十国以及日本签订《辛丑条约》	
1911 年 10 月 10 日	武昌起义枪响标志着辛亥革命的爆发，并最终推翻了清廷，结束了封建统治	
1914—1918 年		第一次世界大战
1923 年		亨利·路思义创办了《时代周刊》
1937—1945 年	中国抗日战争	
1941 年 12 月		日本偷袭珍珠港，促使美国加入第二次世界大战
1949 年 7 月 1 日	毛泽东发表文章公开宣布向苏联“一边倒”并反抗美国	
1949 年 10 月 1 日	中华人民共和国成立	
1949 年 10 月 2 日		苏联宣布承认中华人民共和国

1950年1月6日		英国宣布承认中华人民共和国
1950年2月14日		中苏签订《中苏友好同盟互助条约》
1950年6月		朝鲜战争爆发
1951年2月1日		由于美国的操纵，联合国大会指责中国为在“韩国”的“侵略者”
1951年9月		澳大利亚、新西兰以及美国签订《澳新美安全条约》
1954年12月2日	中国台湾地区与美国签订“共同防御条约”	
1958年	毛泽东发动“大跃进”运动并引发了大规模饥荒	
1959年3月	达赖喇嘛外逃至印度	
1959年8月	八届八中全会（庐山会议）召开，会上毛泽东对时任国防部长的彭德怀进行了批判	
1962年10—11月	中印边境战争爆发	
1963年8月		苏美英在莫斯科签署部分禁止核试验条约
1964年1月27日		法国宣布承认中华人民共和国
1965年2月		美国军队全面介入越南战争
1966—1976年	“文化大革命”强化了极左政策	
1971年7月2—14日	澳大利亚工党代表团访华	
1971年7月9—11日	美国基辛格秘密访华	
1972年2月21—28日	美国总统尼克松访华	
1972年12月		澳大利亚工党获得执政权并立刻宣布承认中华人民共和国
1973年1月		《巴黎协定》签署，美国从越南撤军
1976年9月9日	毛泽东逝世	

1978年12月	第十一届三中全会召开并开启了改革开放时期	
1979年1月1日		中美建立外交关系
1981年6月	第十一届六中全会举行，会上通过了《关于建国以来党的若干历史问题的决议》，对“文化大革命”作出否定性评价	
1982年	中国进行了第三次人口普查，世界历史上首次出现人口过10亿的国家	
1989年6月	北京发生政治风波	
1991年11月1日	中国发布第一份官方人权状况白皮书	
1991年12月		苏联解体
1993年9月		北京惜败于悉尼没有获得2000年奥运会的举办权
1995年9月	联合国第四次世界妇女大会在北京召开	
1996年3月	李登辉当选为台湾地区“总统”前发生了“台海危机”	
1997年2月19日	邓小平逝世	
1997年7月1日	中国对香港恢复行使主权	
1999年12月20日	中国对澳门恢复行使主权	
2000年	西部大开发战略实施	
2000年3月	“台独”分子陈水扁当选为台湾地区“总统”	
2001年9月11日		恐怖分子劫持了飞机，并撞击了纽约世界贸易中心大楼
2001年12月11日	中国加入世贸组织	
2002年11月15日	胡锦涛当选为中共中央总书记	
2003年3月		美国领导的联军向伊拉克派遣部队并推翻了萨达姆·侯赛因的统治
2003年3月15日	胡锦涛当选为中华人民共和国主席	

2003 年 3 月 16 日	温家宝当选为中华人民共和国国务院总理	
2004 年 12 月		海啸袭击了印度尼西亚及其他印度洋周边国家
2008 年 3 月	马英九当选为台湾地区“总统”	
2008 年 4 月 7 日		北京奥运火炬传递期间，中国残奥会运动员在巴黎遭到“自由西藏”激进分子的推搡和干扰
2008 年 5 月	四川省汶川地区发生强烈地震	
2008 年 8 月	奥运会在北京举行	
2008 年		全球经济危机爆发
2009 年 12 月		联合国在哥本哈根召开气候变化大会
2011 年 1 月		突尼斯革命在中东地区引发了广泛示威、骚动和政治变革
2011 年 3 月 11 日		地震袭击了日本，随后发生了海啸以及福岛核泄漏
2011 年 5 月 2 日		美国军方在巴基斯坦击毙本·拉登
2011 年 10 月		利比亚长期统治者奥马尔·穆阿迈尔·卡扎菲战败死亡
2011 年 11 月		美国总统贝拉克·奥巴马访问亚太地区以确认美国在此的影响力，并宣布在澳大利亚达尔文港驻军

参考文献

ABC News/Washington Post Poll, "Poll Marks Challenges in U. S. -China Relations", Langer Research Associates, 2012, at http: //www. langerresearch. com/uploads/1127-16a1ChinaFavorability. pdf, accessed 28 June 2012.

Aird, John S., "Official Population Data", in Yuan-li Wu (ed.), *China A Handbook* (Encyclopaedia Britannica Inc., New South Wales, 1973), pp. 85 - 121.

Andressen, Curtis A., "World Trade Organization", in Linsun Cheng (general editor), *Berkshire Encyclopedia of China* (Berkshire Publishing Group, Great Barrington, MA, 2009), vol. 5, pp. 2468 - 2471.

Anonymous, Editorial, "Destructive Engagement", *The New Republic*, vol. 216, no. 10 (10 March 1997), p. 9.

Ash, Robert Fairbanks, "Population Change and Food Security in China", in Czeslaw Tubilewicz (ed.), *Critical Issues in Contemporary China* (Routledge, London and New York, Open University of Hong Kong, Hong Kong, 2006), p. 164.

Associated Press, "Vietnamese Cheer Torch, Last Int'l Stop", *USA TODAY*, 29 April 2008, http: //www. usatoday. com/news/world/2008-04-29-torch-vietnam _ N. htm# uslPageReturn, accessed 29 January 2012.

BBC News World, "Europe Less, China More Popular in Global BBC Poll", 11 May 2012, web version at http: //www. bbc. co. uk/news/world-18038304, accessed 27 June 2012.

BBC News Asia, "Obama Visit: Australia Agrees US Marine Deployment

Plan", 16 November 2011, web version at http: //www. bbc. co. uk/news/world-asia-15739995.

BBC World Service, "Global Poll: Iran Seen Playing Negative Role", undertaken by GlobeScan and The Program on International Policy Attitudes (PIPA), 2006, web version at http: //www. globescan. com/news _ archives/bbc06-3/index. html#media, accessed 24 January 2012.

BBC World Service, "Poll, Positive Views of Brazil on the Rise in 2011 BBC Country Rating Poll", undertaken by GlobeScan and The Program on International Policy Attitudes (PIPA), 7 March 2011, web version at http: //news. bbc. co. uk/2/shared/bsp/hi/pdfs/05 _ 03 _ 11 _ bbcws _ country _ poll. pdf, accessed 24 January 2012.

Becker, Jasper, *Hungry Ghosts: Mao's Secret Famine* (Henry Holt, Owl Books, New York, 1996).

Bell, Daniel A., "China's Leaders Rediscover Confucianism", *New York Times*, 14 September 2006, web version at http: //www. nytimes. com/2006/09/14/opinion/14iht-edbell. 2807200. html, accessed 24 May 2012.

Bell, Daniel A., *China's New Confucianism: Politics and Everyday Life in a Changing Society* (Princeton University Press, Princeton, 2008).

Bell, James, "Upbeat Chinese May Not Be Primed for a Jasmine Revolution", Pew Global Attitudes Projects, 31 March 2011, at http: //pewresearch. org/pubs/1945/chinese-may-not-be-ready-for-revolution, accessed 29 January 2012.

Bergère, Marie-Claire, *La République populaire de China de* 1949 *à nos jours* (Armand Colin, Paris, 1987).

Bernstein, Richard and Ross H. Munro, *The Coming Conflict with China* (Alfred A. Knopf, New York, 1997).

Blair, David, "Why China is Trying to Colonise Africa", *The Telegraph*, 31 August 2007, web version http: //www. telegraph. co. uk/comment/per sonal-view/3642345/Why-China-is-trying-to-colonise-Africa. html.

Brahm, Laurence J. , *China as No 1, The New Superpower Takes Centre Stage* (Butterworth-Heinemann Asia, Singapore, 1996).

Brians, Paul, *Nuclear Holocausts: Atomic War in Fiction, 1895-1984* (Kent State University Press, Kent, Ohio, 1987).

Bruno, Debra, "One Author's Take on 'Unnatural Selection'", *The Wall Street Journal*, 13 March 2012, web version at http: //blogs. wsj. com/scene/2012/03/13/one-authors-take-on-unnatural-selection/, accessed 8 April 2012.

Buck, Pearl S. , *The Good Earth* (John Day, New York, 1931).

Buck, Pearl S. , *Letter from Peking* (John Day, New York, 1957).

Buck, Pearl S. , *My Several Worlds, A Personal Record* (John Day, New York, 1954).

Buck, Pearl S. , *Satan Never Sleeps* (Pocket Books, New York, 1962).

Buckley, Michael, Alan Samagalski, Robert Storey, Chris Taylor, and Clem Lindenmayer, *China-A Travel Survival Kit*, 4th edition (Lonely Planet Publications, Hawthorn, Vic. , Australia, 1994).

Cabestan, Jean-Pierre, "European Perspectives on China's Rise", in Herbert S. Yee, ed. , *China's Rise—Threat or Opportunity?* (Routledge, London and New York, 2011), pp. 80-100.

Cao Qing, "Perspectives on China—Western", in Linsun Cheng (general editor), *Berkshire Encyclopedia of China* (Berkshire Publishing Group, Great Barrington, MA, 2009), vol. 4, pp. 1749-1753.

Chang, Gordon G. , *The Coming Collapse of China* (Random House, New York, 2001).

Chang, Gordon G. , "The Coming Collapse of China: 2012 Edition", *Foreign Policy*, 29 December 2011, web version, accessed 27 January 2012, at http: //www. foreignpolicy. com/articles/2011/12/29/the _ coming _ collapse _ of _ china _ 2012 _ edition.

Chang, Jung, and Jon Halliday, *Mao: The Unknown Story* (Jonathan Cape, London, 2005).

Chen, Minglu, *Tiger Girls, Women and Enterprises in the People's Republic of China* (Routledge, London and New York, 2011).

Cheng Guangjin and Chen Weihua, "Survey Reveals Positive Public Attitudes", *China Daily*, 10 February 2012, at http: //usa. chinadaily. com. cn/china/policy. html, accessed 13 February 2012.

Chiang, May-ling Soong, *China Shall Rise Again* (Harper, New York and London, 1940).

Chossudovsky, Michel, *Towards Capitalist Restoration? Chinese Socialism after Mao* (Macmillan, Basingstoke, Hampshire, and London, 1986).

Chua-Eoan, Howard and James Walsh, "Deng Xiaoping: The Last Emperor", *Time*, vol. 149, no. 9 (3 March 1997).

Church, George J., "China: Old Wounds Deng Xiaoping", *Time*, vol. 127, no. 1 (6 January 1986).

Clark, Gregory, *In Fear of China* (Lansdowne Press, Melbourne, 1967).

Clinton, Hillary Rodham, "First Lady Hillary Rodham Clinton Remarks for the United Nations Fourth World Conference on Women Beijing", China, September 5, 1995, *feminist. com*, http: //www. feminist. com/resources/artspeech/inter/hill. htm, accessed 22 May 2012.

Committee of 100, *US China Public Perceptions, Opinion Survey 2012* (The Committee of 100, New York, 2012). Web version at http: //survey. committee100. org/2012/EN/C100 _ 2012Survey. pdf, accessed 27 June 2012.

Committee of Concerned Asian Scholars, *China! Inside the People's Republic* (Bantam Books, New York, 1972).

Conn, Peter, *Pearl S. Buck: A Cultural Biography* (Cambridge University Press, Cambridge, 1996).

Cook, Ivan, *Australians Speak 2005, Public Opinion and Foreign Policy* (Lowy Institute for International Policy, Sydney, 2005).

Dawson, Raymond, *The Chinese Chameleon, An Analysis of European Conceptions of Chinese Civilization* (Oxford University Press, London, 1967).

de Beauvoir, Simone, *La longue marche, Essai sur la Chine* (Gallimard, Paris, 1957).

deLisle, Jacques, "China and the WTO: Evolving Agendas of Economic Openness, Domestic Reform, and International Status, and Challenges of the Post-Accession Era", in Tun-jen Cheng, Jacques deLisle and Deborah Brown, eds., *China under Hu Jintao, Opportunities, Dangers, and Dilemmas* (World Scientific, Singapore, 2006), pp. 229-292.

Deng, Yong, *China's Struggle for Status, The Realignment of International Relations* (Cambridge University Press, Cambridge, New York, 2008).

Dikötter, Frank, *Mao's Great Famine: the History of China's Most Devastating Catastrophe (1958-1962)* (Bloomsbury, London, 2010).

Du Halde, Jean-Baptiste, *Description géographique, historique, chronologique, politique, et physique de l'empire de la Chine et de Tartarie chinoise*, 4 vols., Henri Scheurleer, The Hague, 1736.

Du Halde, Jean-Baptiste, trans. R. Brookes, *The General History of China* (J. Watts, London, 1741).

Dwyer, D. J., "The Three Bitter Years", in D. J. Dwyer (ed.), *China Now, An Introductory Survey with Readings* (Longman Group, Harlow, Essex, 1974), pp. 262-267. This extract was originally published in "China's Natural Calamities and Their Consequences", *Geography*, no. 47 (1962), pp. 301-306.

Economist, *The* leader, "Illegal Children Will Be Confiscated. The One-Child Policy Is Not Just a Human-Rights Abomination; It Has Also Worsened a Demographic Problem", *The Economist*, 21 July 2011, web version at http: //www. economist. com/node/18988496, accessed 8 April 2012.

Economist briefing, "China's Economy-Reflating the Dragon Can the World's Fastest-growing Economy Avoid a Sharp Downturn? The Global Economic Summit-After the Fall", *The Economist*, 13November 2008, web version at http: //www. economist. com/node/12606998, accessed 3 April 2012.

Economist Global Agenda, *The*, "China Contemplates Change", *The Economist*, 12 October 2005, web version at http: www. economist. com/node/5014759, accessed 6 April 2012.

Editorial, "Beijing's Bad Faith Olympics", *The New York Times*, 22 August 2008, web version at http: //www. nytimes. com/2008/08/23/opinion/23sat1. html.

Edmonds, Richard Louis, "China's Environmental Problems", in Czeslaw Tubilewicz (ed.), *Critical Issues in Contemporary China* (Routledge, London and New York, Open University of Hong Kong, Hong Kong, 2006), pp. 237-265.

Elliott, Michael, "China Takes on the World", *Time*, 11 January 2007, web version at http: //www. time. com/time/magazine/article/0, 9171, 1576831, 00. html, accessed 27 January 2012.

Evans, Paul M., *John Fairbank and the American Understanding of Modern China* (B. Blackwell, New York, 1988).

Fairbank, John K., *China Perceived*, *Images and Policies in Chinese American Relations* (Alfred A Knopf, New York, 1974).

Faison, Seth, "Women as Chattel: In China, Slavery Rises", *New York Times*, 6 September 1995, http: //www. nytimes. com/1995/09/06/world/

women-as-chattel-in-china-slavery-rises. html? pagewanted=all&src=pm, accessed 22 May 2012.

Fenby, Jonathan, "China is Deeply Flawed. Its Dominance Is Not Inevitable", *The Guardian*, 5 April 2012, web version at http: //www. guardian. co. uk/commentisfree/2012/apr/05/china-dominance-not-inevitable, accessed 8 April 2012.

Fernandez, Juan Antonio and Laurie Underwood, *China CEO*, *Voices of Experience from 20 International Business Leaders* (John Wiley and Sons [Asia], 2006).

FitzGerald, C. P. , "Chinese Foreign Policy", in Adams, Ruth (ed.), *Contemporary China* (Peter Owen, London, 1969), pp. 7-25.

FitzGerald, Stephen, *Is Australia an Asian Country? Can Australia Survive in an East Asian Future* (Allen & Unwin, Sydney, 1997).

Fogel, Robert, "$123 000 000 000 000 * * China's Estimated Economy by the Year 2040. Be Warned", *Foreign Policy* (January/February 2010), web version at http: //www. foreignpolicy. com/article/2010/01/04/123000000000000.

Foucault, Michel, *Power/Knowledge*, *Selected Interviews and Other Writings 1972-1977*, *Michel Foucault*, ed. Colin Gordon, trans. Colin Gordon, Leo Marshall, John Mepham, Kate Soper (The Harvester Press, Brighton, 1980).

Friedberg, Aaron L. , "Hegemony with Chinese Characteristics", *The National Interest*, July-August 2011, web version at http: //nationalinterest. org/article/hegemony-chinese-characteristics-5439? page=show, accessed 31 July 2011.

Friedman, Edward, "Power Transition Theory, A Challenge to the Peaceful Rise of World Power China", in Herbert S. Yee, ed. , *China's Rise—Threat or Opportunity?* (Routledge, London and New York, 2011), pp. 11-32.

Friedman, George, *The Next* 100 *Years*: *A Forecast for the* 21*st Century* (Knopf Doubleday, New York, 2009).

Fung, Edmund S. K. and Colin Mackerras, *From Fear to Friendship*, *Australia's Policies towards the people Republic of China*, *1966-1982* (University of Queensland Press, London, New York, St Lucia, 1985).

GeoHive, Gross National Income', at http: //www. geohive. com/charts/ec _ gni3. aspx, accessed 18 February 2012.

Gil, Jeffrey, "China's Confucius Institute Project: Language and Soft Power in World Politics", *Global Studies Journal*, vol. 2, no. 1 (2009), pp. 59-72.

Gilbert, Rodney, *What's Wrong with China* (John Murray, London, 1926).

Gray, John, "Mao's Great Famine: the History of China's Most Devastating Catastrophe (1958-1962) By Frank Dikötter", *New Statesman*, 20 September 2010, web version at http: //www. newstatesman. com/books/2010/09/mao-china-famine-western.

Guillain, Robert, 600 *Millions de Chinois* (René Julliard, Paris, 1956); trans. Mervin Savill, *The Blue Ants*, 600 *Million Chinese under the Red Flag* (Secker and Warburg, London, 1957).

Hale, Lyric Hughes, "Examining the Myths: The China Outsiders Don't Know, Beyond Cocktail Party Wisdom about 1 Billion Neighbors", *The Houston Chronicle*, 28 May 2005, web version at http: //www. chron. com/opinion/outlook/article/Examining-the-myths-The-China-outsiders-dont1640289. php, accessed 31 January 2012.

Han Suyin, *A Many-Splendoured Thing* (Little, Brown and Co. , Boston, 1952; Jonathan Cape, London, 1953).

Han Suyin, *China in the Year* 2001 (C. A. Watts, London, 1967).

Fergus Hanson, *The Lowy Institute Poll* 2008, *Australia and the*

World, *Public Opinion and Foreign Policy* (Lowy Institute for International Policy, Sydney, 2008).

Hanson, Fergus, *The Lowy Institute Poll 2011*, *Australia and the World*, *Public Opinion and Foreign Policy* (Lowy Institute for International Policy, Sydney, 2011).

Harrer, Heinrich, trans. from German Richard Graves, *Seven Years in Tibet* (Hart-Davis and the Book Society, London, 1953).

Harris, Paul G., "Chinese Responsibility for Climate Change", in Paul G. Harris (ed.), *China's Responsibility for Climate Change*, *Ethics*, *Fairness and Environmental Policy* (The Policy Press, University of Bristol, Bristol, 2011), pp. 223-233.

Holloway, Nigel, "Making an Enemy, Hawks in the United States are Pressing for 'Adversarial Engagement' with China and Their Views Could be Gaining Sympathy in Washington", *Far Eastern Economic Review*, vol. 160, no. 12 (20 March 1997), pp. 14-16.

Holmgren, Rod, "The Bad Earth: Environmental Degradation in China by Vaclav Smil", *Environmental Review*, vol. 9, no. 4 (Winter, 1985), pp. 332-333.

Hooper, Beverley, " 'Real' Chinas in the 1990s", *The China Journal*, no. 39 (January 1998), pp. 83-91.

Hvistendahl, Mara, *Unnatural Selection*: *Choosing Boys over Girls*, *and the Consequences of a World Full of Men* (Public Affairs, New York, 2011).

Hu Jintao, "Full text of Hu Jintao's Report at 17th Party Congress", web version at http: //www. aboutxinjiang. com/topic/content/2011- 06/27/content _ 5925466 _ 8. htm, accessed 23 January 2012.

Huang, Yasheng, *Capitalism with Chinese Characteristics*, *Entrepre-*

neurship and the State (Cambridge University Press, Cambridge, New York, 2008).

Hudson, Valerie M. , and Andrea M. den Boer, *Bare Branches*, *Security Implications of Asia's Surplus Male Population* (MIT Press, London, Cambridge, Mass. , 2004) .

Human Rights Watch, "Beijing Olympics Basics", 2008, http: //china. hrw. org/press/faq/beijing _ olympics _ basics, accessed 30 January 2012.

International Institute for Strategic Studies, "Remarks as Delivered by Secretary of Defense Donald H. Rumsfeld, Shangri-La Hotel, Singapore, Saturday, June 4, 2005", http: //www. defenselink. mil/speeches/2005/sp20050604-secdef1561. html, accessed 10 June 2005.

Iritani, Evelyn, "Great Idea but Don't Quote Him", *Los Angeles Times*, 9 September 2008, web version at http: //articles. latimes. com/2004/sep/09/business/fi-deng9, accessed 14 February 2012.

Isaacs, Harold R. , *Scratches on our Minds*, *American Images of China and India* (John Day, New York, 1958), updated and republished as *Images of Asia*, *American Views of China and India* (Harper Torchbooks, New York, 1972 ed.).

Jacques, Martin, *When China Rules the World*, *The Rise of the Middle Kingdom and the End of the Western World* (Penguin, London and New York, 2009).

Jensen, Lionel M. , *China In and Beyond the Headlines* (Rowman and Littlefield, Lanham, Maryland, 2012).

Jespersen, T. Christopher, *American Images of China*, 1931-1949 (Stanford University Press, Stanford, 1996).

Jia Qingguo, "Disrespect and Distrust: The External Origins of Contemporary Chinese Nationalism", *Journal of Contemporary China*, vol. 14, no. 42 (February 2005), pp. 11-21.

Johns, Captain W. E., *Biggles in the Gobi* (Hodder & Stoughton, London, 1953).

Johnson, Chalmers, "The Two Chinese Revolutions", *The China Quarterly*, no. 39 (July-September 1969), pp. 12-29.

Johnson, Hewlett, *China's New Creative Age* (Lawrence and Wishart, London, 1953).

Johnston, Alastair Iain, "Is China a Status Quo Power?", *International Security*, vol. 27, no. 4 (Spring 2003), pp. 5-56.

Kan, Michael, "China's Internet Users Cross 500 Million", *PC-World. in*, 17 January 2012, at http://www.pcworld.in/news/chinas-internet-users-cross-500-million-61392012, accessed 24 May 2012.

Kaplan, Fredric M., Julian M. Sobin and Stephen Andors, *Encyclopedia of China Today* (Eurasian Press, US; Macmillan, London and Basingstoke, 1979).

Kaplan, Robert D., "Why John J. Mearsheimer is Right (About Some Things)", *The Atlantic*, (January/February 2012), web version at http://www.theatlantic.com/magazine/archive/2012/01/why-john-j-mearsheimer-is-right-about-some-things/8839/, accessed 3 February 2012.

Khor, Martin, "Blame Denmark, Not China, for Copenhagen Failure", *The Guardian*, 28 December 2009, web version at http://www.guardian.co.uk/commentisfree/cif-green/2009/dec/28/copenhagen-denmark-china, accessed 30 December 2009.

Kohut, Andrew, Richard Wike, Erin Carriere-Kretschmer, Juliana Menasce Horowitz, and Kathleen Holzwart, *Some Positive Signs for U.S. Image, Global Economic Gloom-China and India Notable Exceptions*, 24-*Nation Pew Global Attitudes Survey* (The Pew Global Attitudes Research, 2008), web version at http://www.pewglobal.org/files/pdf/260.pdf, accessed 27 May 2012.

Kissinger, Henry, *On China* (The Penguin Press, New York, 2011).

Kornai, János and Yingyi Qian, "Introduction", in János Kornai and Yingyi Qian (eds), *Market and Socialism in the Light of the Experiences of China and Vietnam* (Palgrave Macmillan, in association with the International Economic Association, Baskingstoke, England, and New York, 2009), pp. 1-10.

Kraft, Joseph, *The Chinese Difference* (Saturday Review Press, New York, 1972).

Kristof, Nicholas D. and SherylWuDunn, *China Wakes, The Struggle for the Soul of a Rising Power* (Vintage Books, Random House, New York, 1995).

Kristof, Nicholas D. and Sheryl WuDunn, *Half the Sky: Turning Oppression to Opportunity for Women Worldwide* (Alfred A. Knopf, New York, 2009).

Kronick, Scott and Jamie Moeller, "Expert Views: The Obama Administration and China: What Does the Future Hold?" *Ogilvy Public Relations*, 16 January 2009, web site at http: //www. ogilvypr. com/en/expert-view/obama-administration-china-what-does-future-hold, accessed 6 April 2012.

Lampton, David M. , *Same Bed, Different Dreams, Managing U. S. -China Relations, 1989-2000* (University of California Press, Berkeley, Los Angeles, London, 2001).

Landler, Mark and Stephen Castle, "At the Washington Summit Meeting, China Holds the Cards", *The New York Times*, 14 November 2008, web version at http: //www. nytimes. com/2008/11/14/business/worldbusiness/14iht-summit. 4. 17840955. html? pagewanted = all, accessed 3 April 2012.

Larum, John, *Into the Dragon's Den: Australian Investment into China* (Lowy Institute for International Policy, Sydney, 2010).

Le monde editorial, "Une déception", *Le monde*, 20 December 2009, web version at http: //www. lemonde. fr/opinions/article/2009/12/19/deception-a-copenhague _ 1282944 _ 3232. html, accessed 21 December 2009.

Legendre, A. F. , trans. Elsie Martin Jones, *Modern Chinese Civilization* (Jonathan Cape, London, original introduction dated July 1926, preface to the English edition dated 28 August 1928, reprinted by Ch'eng Wen Publishing Company, Taipei 1971).

Legge, James, *The Chinese Classics: With A Translation, Critical And Exegetical Notes, Prolegomena, and Copious Indexes*, (5 vols. ; Trubner, London, 1861-1872).

Leys, Simon, *Broken Images, Essays on Chinese Culture and Politics*, trans Steve Cox (St Martin's Press, New York, 1979).

Leys, Simon, *Les habits neufs du président Mao* (Éditions Champs Libres, Paris, 1971); trans. Carol Appleyard and Patrick Goode, *The Chairman's New Clothes* (Allison and Busby, London, 1981 ed.).

Leys, Simon, *Ombres chinoises* (Union Générale d'Editions, Paris, 1974); *Chinese Shadows* (The Viking Press, New York, 1977).

Leys, Simon, "When the 'Dummies' Talk Back", *Far Eastern Economic Review*, vol. 144, no. 24 (15 June 1989), pp. 14 and 19.

Li, Kwok-sing (comp.), trans. Mary Lok, *A Glossary of Political Terms of the People's Republic of China* (The Chinese University Press, Shatin, Hong Kong, 1995).

Lin Yutang, *My Country and My People* (John Day, New York, 1935, 13th printing enlarged edition 1939).

Ling, Ken, London, Miriam, a. o. , *The Revenge of Heaven: Journal of a Young Chinese* (G. P. Putnam's Sons, New York, 1972).

Liu, Jieyu, "Gender and Sexuality", in Xiaowei Zang (ed.), *Under-*

standing Chinese Society (Routledge, London and New York, 2011), pp. 49-62.

Liu Kang, "Media Boom and Cyber Culture: Television and the Internet in China", in Kam Louie (ed.), *The Cambridge Guide to Modern Chinese Culture* (Cambridge University Press, Cambridge, 2008), pp. 318-338.

"London Zoo", The Good Zoo Guide Online, http: //www. goodzoos. com/UK%20Zoos/london. htm, accessed 22 February 2012.

Lu, Yunfeng, "Religious Influence in China", in Xiaowei Zang (ed.), *Understanding Chinese Society* (Routledge, London and New York, 2011), pp. 127-141.

Lynas, Mark, "How Do I Know China Wrecked the Copenhagen Deal? I Was in the Room", *The Guardian*, 22 December 2009, web version at http: //www. guardian. co. uk/environment/2009/dec/22/copenhagen-climate-change-mark-lynas, accessed 7 April 2012.

MacFarquhar, Roderick, documented and introduced, *Sino-American Relations, 1949-1971* (David & Charles, Newton Abbot, Devon, 1972).

Mackerras, Colin, *Western Images of China* (Oxford University Press, Hong Kong, 1989; revised edition, Oxford University Press, Hong Kong, 1999).

Mackerras, Colin and Hunter, Neale, *China Observed*, 1964/1967 (Nelson, Melbourne; Sphere Paperbacks, London, Praeger, New York, 1967).

Mackerras, Colin, Peter Chang, Yu Hsiu-ching and Alyce Mackerras, *Dragon's Tongue: Communicating in Chinese*, 2 vols. (Australian Broadcasting Corporation, Sydney 1990-1991, republished in one volume 1993).

Mackinnon, Mark, "As Western Media Contract, the China Daily Expands", *The Globe and Mail* (Toronto), 25 June 2012, http: //www. theglobeandmail. com/news/world/world-view/as-western-media-contract-the-china-daily-expands/article4367720/.

Malraux, André, *Le miroir des limbes. Tome I*, *Antimémoires* (Gallimard, Paris, 1967); trans. Terence Kilmartin, *Antimemoirs*, (Hamish Hamilton, London, 1968).

Malraux, André, *La condition humaine* (Gallimard, Paris, 1933); trans. Haakon M. Chevalier, *Man's Fate* (*La condition humaine*) (Random House, New York, 1961).

Mann, James, *The China Fantasy*, *How Our Leaders Explain Away Chinese Repression* (Viking, New York, 2007).

Mao Zedong, "On the People's Democratic Dictatorship", 30 June 1949, *Selected Works of Mao Tse-tung [Mao Zedong]*, *Volume IV*, Foreign Languages Press, Peking, 1975.

Marcus, Jonathan, "Analysis", 16 November 2011, BBC News Asia, http://www.bbc.co.uk/news/world-asia-15739995.

Maugham, W. Somerset, *The Painted Veil* (William Heinemann, London, 1925; Pan Books, London, 1978).

McGregor, James, *One Billion Customers*, *Lessons from the Front Lines of Doing Business in China* (Free Press, A Wall Street Journal Book, New York, 2005).

Mearsheimer, John J., *The Tragedy of Great Power Politics* (Norton, New York, 2001).

Mearsheimer, John J., "The Future of the American Pacifier", *Foreign Affairs*, vol. 80, no. 5 (September-October 2001), pp. 46-61.

Mirra, Carl, "Forty Years On: Looking Back at the 1969 Annual Meeting", *Perspectives on History*, February 2010, web version at http://www.historians.org/Perspectives/issues/2010/1002/1002tim1.cfm.

Morgan, Jamie, "Distinguishing Truth, Knowledge, and Belief: A Philosophical Contribution to the Problem of Images of China", *Modern China*, *An International Quarterly of History and Social Science* vol. 30, no. 3 (July

2004), pp. 398-427.

Mosher, Steven W., *China Misperceived, American Illusions and Chinese Reality* (Basic Books, New York, 1990).

Murray, Geoffrey, *China, The Next Superpower, Dilemmas in Change and Continuity* (China Library, Curzon Press, Richmond, Surrey, 1998).

Murray, Geoffrey and Ian G. Cook, *Green China, Seeking Ecological Alternatives* (RoutledgeCurzon, London and New York, 2002).

Myrdal, Jan, trans. Maurice Michael, *Report from a Chinese Village* (William Heinemann, London, 1965).

National Bureau of Statistics of China, *Zhongguo tongji nianjian China Statistical Yearbook* (China Statistics Press, Beijing, 2006).

New York Times editorial, "Copenhagen, and Beyond", *The New York Times*, 21 December 2009, web version at http://www.nytimes.com/2009/12/21/opinion/21mon1.html?_r=1&ref=todayspaper, accessed 23 December 2009.

Newman, Bernard, *The Blue Ants* (Hale, London, 1962).

Newport, Frank, "Americans Unfavorable Attitudes Towards China Unchanged Ten Years After 1989", *Gallup News Service*, 3 June 1999, http://www.gallup.com/poll/3805/americans-unfavorable-attitudes-towards-china-unchanged-ten-years-aft.aspx, accessed 11 January 2012.

Nielsen Company, The, "China Becomes a More Compelling International Tourist Destination. Thanks to Olympic Games. International Audiences & Visitors Agree: Beijing Passed with Flying Colours", 11 September 2008, web version at http://cn.en.nielsen.com/site/9.11-en.shtml, accessed 30 January 2012.

Nye, Joseph S., *Soft Power: The Means to Success in World Politics* (Public Affairs, New York, 2004).

Nyíri, Pál, *Scenic Spots, Chinese Tourism, the State, and Cultural*

Authority (University of Washington Press, Seattle and London, 2006).

O'Connor, Patrick, "The Australian Workers Union, Steel Sackings and Anti-China Chauvinism", *World Socialist Web Site*, Published by the International Committee of the Fourth International (ICFI), 25 August 2011, website at http: //www. wsws. org/articles/2011/aug2011/howe-a25. shtml.

Oksenberg, Michel C. , Michael D. Swaine and Daniel C. Lynch, *The Chinese Future* (Pacific Council on International Policy, Los Angeles, and RAND Center for Asia-Pacific Policy, Santa Monica, California, 1997).

Page, Benjamin I. and Tao Xie, *Living with the Dragon*, *How the American Public Views the Rise of China* (Columbia University Press, New York, 2010).

Peck, James, *Ideal Illusions*, *How the U. S. Government Co-opted Human Rights* (Henry Holt and Company, New York, 2010).

Polin, Thomas Hon Wing, and Tim Healy, "Man of the Century", *Asiaweek*, vol. 23, no. 9 (7 March 1997), pp. 31-37.

PollingReport. com, " China ", at www. pollingreport. com/china. htm, accessed 1 April 2012.

Polumbaum, Judy, "Olympic Games of 2008", in Linsun Cheng, general editor, *Berkshire Encyclopedia of China*, *Modern and Historic Views of the World's Newest and Oldest Global Power* Berkshire Publishing Group, Great Barrington, Massachusetts, 2009), vol. 4, pp. 1630-1634.

Porter, Ian, Taylor, Robert P. , and others, *China*, *Long-term Development Issues and Options*, *A World Bank Country Economic Report* (The Johns Hopkins University Press, Baltimore and London, 1985).

Powell, Bill, "It's China's World. (We Just Live in It) After a Shopping Spree for Natural Resources, the Chinese Are Shifting to Automakers, High-tech Firms, and Real Estate. Where Will they Strike Next?", *Fortune Magazine*, on *CNNMoney*, 8 October 2009, web version at http: //money. cnn.

com/2009/10/07/news/international/china _ natural _ resources. fortune/index. htm, accessed 1 April 2012.

Program on International Policy Attitudes (PIPA), "China-August 2008 (PDF)", *Americans and the World*, web source at http: //www. americansworld. org/PDF/china _ data _ update-8 _ 2008. pdf, accessed 4 February 2012.

Qiu, Jack Linchuan, "The Internet in China: Technologies of Freedom in a Statist Society", in Manuel Castells (ed.), *The Network Society*, *A Cross-Cultural Perspective* (Edward Elgar, Cheltenham, UK, Northampton, MA, 2004), pp. 99-124.

Rasmussen, O. D., *What's Right with China* (Commercial Press, Shanghai, 1928).

Rohwer, Jim, *Asia Rising*, *How History's Biggest Middle Class Will Change the World* (Butterworth-Heinemann Asia, Singapore, 1995).

Rudd, Kevin, "Beijing University Speech by Australian Prime Minister Kevin Rudd", *The Australian*, 9 April 2008, web version at http: //www. theaustralian. com. au/news/kevin-rudds-speech-at-beijing-uni/story-e6frg6n6-1111116015758, accessed 12 April 2008.

Saee, John, "International Investment Strategy in China, Opportunities, Prospects and Challenges Confronting Multinational Corporations and Global Entrepreneurs", in John Saee (ed.), *China and the Global Economy in the 21st Century* (Routledge, London and New York, 2011), pp. 1-9.

Said, Edward W., *Orientalism* (Random House, Vintage Books, New York, 1978; 1979).

Salisbury, Harrison E., "China's CEO", *Success!*, vol. 33, no. 1 (January/February 1986), pp. 72-75.

Salisbury, Harrison E., *The New Emperors*, *China in the Era of Mao and Deng* (Little, Brown and Company, Boston, Toronto, London, 1992).

Salisbury, Harrison E., *To Peking—and Beyond*, *A Report on the New*

Asia (Quadrangle/The New York Times Book Co., New York, 1973).

Schell, Orville, *To Get Rich is Glorious, China in the Eighties* (Robin Clark, London, 1985).

SenateForeign Affairs, Defence and Trade References Committee, The, *China's Emergence: Implications for Australia* (Senate Printing Unit, Parliament House, Canberra, 2006).

Shambaugh, David, "Preface", in David Shambaugh, ed., *Is China Unstable? Assessing the Factors* (M. E. Sharpe, Armonk, New York, London, England, 2000), pp. ix-xi.

Shenkar, Oded, *The Chinese Century: The Rising Chinese Economy and Its Impact on the Global Economy, the Balance of Power, and Your Job* (Wharton School Publishing, Upper Saddle River, NJ, Pearson Education, Harlow, England, 2005).

Shirk, Susan, *China, Fragile Superpower* (Oxford University Press, Oxford, New York, 2007).

Smil, Vaclav, *The Bad Earth, Environmental Degradation in China* (M. E. Sharpe, Armonk, Zed Press, London, 1984).

Snow, Edgar, "A Conversation with Mao Tse-tung", *Life*, vol. 70, no. 16 (30 April 1971), pp. 46-47.

Snow, Edgar, *China's Long Revolution* (Penguin, Harmondsworth, 1974 ed.).

Snow, Edgar, *The Other Side of the River, Red China Today* (Random House, New York, 1961, 1962).

Snow, Edgar, *Red Star over China* (Victor Gollancz, Great Britain, 1937; Penguin, Harmondsworth, 1972 ed.).

Spence, Jonathan, *To Change China, Western Advisers in China 1620-1960* (Little, Brown and Company, Boston, Toronto, 1969).

Spence, Jonathan D., *The Chan's Great Continent: China in Western*

Minds (W. W. Norton, New York, 1998; Allen Lane, London, 1999).

Strahan, Lachlan, *Australia's China: Changing Perceptions from the 1930s to the 1990s* (Cambridge University Press, New York, 1996).

Sun, Helen, *Internet Policy in China, A Field Study of Internet Cafés* (Rowman & Littlefield, Lanham, Maryland, 2010).

Tai, Susan H. C. and Jackie L. M. Tam, "A Lifestyle Analysis of Female Consumers in GreaterChina", *Psychology & Marketing*, vol. 14, no. 3 (May 1997), pp. 287-307.

Taneja, Pradeep, "Environmental Policy", in Colin Mackerras, with Donald H. McMillen and Andrew Watson (eds), *Dictionary of the Politics of the People's Republic of China* (Routledge, London and New York, 1998), pp. 91-93.

Taylor, Ian, *China's New Role in Africa* (Lynne Rienner, Boulder, Colorado, 2009).

Terzani, Tiziano, *Behind the Forbidden Door, Travels in China* (Allen & Unwin, London, 1986).

Tubilewicz, Czeslaw "Stability, Development and Unity in Contemporary China", in Czeslaw Tubilewicz (ed.), *Critical Issues in Contemporary China* (Routledge, London and New York, Open University of Hong Kong, Hong Kong, 2006), pp. 1-18.

Unger, Jonathan, "Rich Man, Poor Man, The Making of New Classes in the Countryside", in David S. G. Goodman and Beverley Hooper (eds), *China's Quiet Revolution, New Interactions Between State and Society* (Longman Cheshire, Melbourne, St. Martin's Press, New York, 1994), pp. 43-63.

United States of America, Department of Defense, *Annual Report to Congress: The Military Power of the People's Republic of China* 2005 (Office of the Secretary of Defense, Washington, 2005).

Vogel, Ezra F., *Deng Xiaoping and the Transformation of China* (The Belknap Press of Harvard University Press, Cambridge, Massachusetts, and London, England, 2011).

Walsh, James, "Red Hot, Flush with Optimism, the Emerging Economic Titan Looks to Be Growing Too Far, Too Fast Yet Again", *Time*, vol. 141, no. 7 (15 February 1993), pp. 30-31.

Wang Shaoguang, "Uneven Economic Development", in Czeslaw Tubilewicz (ed.), *Critical Issues in Contemporary China* (Routledge, London and New York, Open University of Hong Kong, Hong Kong, 2006), pp. 79-111.

Whyte, Martin King, "Chinese Social Trends: Stability or Chaos?", in David Shambaugh, ed., *Is China Unstable? Assessing the Factors* (M. E. Sharpe, Armonk, New York, London, England, 2000), pp. 143-163.

Wikipedia, "Internet", at http://en.wikipedia.org/wiki/Internet, accessed 22 January 2012.

Williams, Samuel Wells, *The Middle Kingdom, A Survey of the Geography, Government, Education, Social Life, Arts, Religion, &c., of the Chinese Empire and its Inhabitants* (2 vols.; John Wiley, New York, 1851).

Williams, Samuel Wells, *The Middle Kingdom, A Survey of the Geography, Government, Literature, Social Life, Arts, and History of the Chinese Empire and its Inhabitants* (2 vols.; Charles Scribner's Sons, New York, 1883). This item is an updated edition of the previous one.

Wilson, Dick, ed., *Mao Tse-tung in the Scales of History* (Cambridge University Press, Cambridge, 1977).

Wines, Michael, "Far-Ranging Support for Google's China Move", *New York Times*, 14 January 2010, http://www.nytimes.com/2010/01/15/world/asia/15china.html, accessed 25 May 2012.

Wint, Guy, *Common Sense about China* (Victor Gollancz, London, 1960).

Wise, Donald (ed.), *Far Eastern Economic Review Asia* 1985 *Yearbook* (Far Eastern Economic Review, Hong Kong, 1985).

Wolf, Margery, *Revolution Postponed*: *Women in Contemporary China* (Stanford University Press, Stanford, 1985).

Wong, John, "China's Economy", in Robert E. Gamer (ed.), *Understanding Contemporary China* (Lynne Rienner Publishers, Boulder, London, 1999; Crawford House Publishing, Adelaide, 2000), pp. 103-39.

World Bank and Development Research Center of the State Council, the People's Republic of China, *China* 2030, *Building a Modern*, *Harmonious*, *and Creative*, *High-Income Society* (Conference Edition, World Bank, Washington D. C., 2012).

Yang, Dali L., "Great Leap Forward", in Linsun Cheng (general editor), *Berkshire Encyclopedia of China* (Berkshire Publishing Group, Great Barrington, MA, 2009), vol. 2, p. 928.

Zang, Xiaowei, "Family and Marriage", in Xiaowei Zang (ed.), *Understanding Chinese Society* (Routledge, London and New York, 2011), pp. 35-48.

Zhongguo tongji nianjian 1983 (*Chinese Statistical Yearbook* 1983) (Chinese Statistical Press, Beijing, 1983).

Zhonghua Renmin Gongheguo Guojia Lüyou Ju National Tourism Administration of the People's Republic of China, "2010nian 1-12yue laiHua lüyou rujing renshu (an rujing fangshi fen) Major Statistics of China Tourism, Jan-Dec 2010", 2011, http://www.cnta.gov.cn/html/2011-1/2011-1-19-8-51-57548.html.

Films, *Documentaries*

Avildsen, John G., *The Karate Kid*, starring Ralph Macchio and

Noriyuki "Pat" Morita, distributed by Columbia Pictures, released June 1984.

Avnet, Jon, director, *Red Corner*, starring Richard Gere, distributed by Metro-Goldwyn-Mayer, released October 1997.

CNN, jointly with the FORTUNE Global Forum, "Eye on China", week-long series in May 2005. Included Stan Grant, "Navigating the New China", hour-long documentary first telecast 14 May 2005, and Jim Clancy, "CNN Comments: China Rising", large-scale public discussion, first telecast 17 May 2005.

Goldwyn, Edward, writer and producer, *China's Child*, documentary, British Broadcasting Corporation, *Horizon*, 1983.

Gracie, Carrie, presenter, "The Fastest Changing Place on Earth", *BBC Two*, first telecast 5 March 2012, director and producer Victoria Bell.

Robinson, Michael, "China: Shaking the World, Part 4", BBC World Service radio documentary, first broadcast 2 August 2010, web link http://www.bbc.co.uk/worldservice/documentaries/2010/05/100513_china_shaking_the_world_part_one.shtml, accessed 24 January 2012.

Rowlatt, Justin, presenter, "The Chinese Are Coming", director and producer (episode 1) Robin Barnwell, (episode 2) Steven Grandison, executive producer Sam Bagnell, two-episode BBC television documentary, first telecast February 2011.

Stevenson, John Wayne and Mark Osborne, directors, *Kung Fu Panda*, computer animated, starring Jack Black, Dustin Hoffman, Angelina Jolie, Jackie Chan and others in speaking roles, distributed by Paramount Pictures, released June 2008.

Zwart, Harald, director, *The Karate Kid*, starring Jaden Smith, Jackie Chan, and Taraji P. Henson, distributed by Columbia Pictures, released June

2010.

Opera

Adams，John，composer，Alice Goodman，librettist，*Nixon in China*，premiered 1987 Houston Grand Opera，producer Peter Sellars.

图书在版编目（CIP）数据

我看中国——1949年以来中国在西方的形象/（澳）马克林著；张勇先，吴迪译.—北京：中国人民大学出版社，2013.4
ISBN 978-7-300-17257-6

Ⅰ.①我… Ⅱ.①马…②张…③吴… Ⅲ.①国家-形象-研究-中国 Ⅳ.①D6

中国版本图书馆CIP数据核字（2013）第061561号

我看中国
——1949年以来中国在西方的形象
［澳］马克林（Colin Patrick Mackerras） 著
张勇先 吴 迪 译
Wo Kan Zhongguo

出版发行	中国人民大学出版社		
社　　址	北京中关村大街31号	**邮政编码**	100080
电　　话	010-62511242（总编室）		010-62511398（质管部）
	010-82501766（邮购部）		010-62514148（门市部）
	010-62515195（发行公司）		010-62515275（盗版举报）
网　　址	http：//www.crup.com.cn		
	http：//www.ttrnet.com（人大教研网）		
经　　销	新华书店		
印　　刷	北京市易丰印刷有限责任公司		
规　　格	170 mm×240 mm 16开本	**版　　次**	2013年5月第1版
印　　张	14.5 插页3	**印　　次**	2013年5月第1次印刷
字　　数	209 000	**定　　价**	38.00元